抖音电商

陈达远◎编著

全民任务+星图广告+精选联盟+团购带货

中国铁道出版社有限公司

CHINA RAILWAY PUBLISHING HOUSE CO., LTD.

图书在版编目（CIP）数据

抖音电商：全民任务+星图广告+精选联盟+团购带货/陈达远
编著.—北京：中国铁道出版社有限公司，2022.6
ISBN 978-7-113-29037-5

I.①抖…　II.①陈…　III.①网络营销　IV.①F713.365.2

中国版本图书馆CIP数据核字(2022)第061564号

书　　名：抖音电商：全民任务 + 星图广告 + 精选联盟 + 团购带货
　　　　　DOUYIN DIANSHANG：QUANMIN RENWU + XINGTU GUANGGAO +
　　　　　JINGXUAN LIANMENG + TUANGOU DAIHUO
作　　者：陈达远

责任编辑：张亚慧　　　编辑部电话：（010）51873035　　　邮箱：lampard@vip.163.com
编辑助理：张秀文
封面设计：宿　萌
责任校对：焦桂荣
责任印制：赵星辰

出版发行：中国铁道出版社有限公司（100054，北京市西城区右安门西街8号）
印　　刷：三河市宏盛印务有限公司
版　　次：2022年6月第1版　2022年6月第1次印刷
开　　本：700 mm×1 000 mm 1/16　印张：15　字数：252千
书　　号：ISBN 978-7-113-29037-5
定　　价：69.00元

前　言

　　近年来，抖音平台的发展速度非常惊人，这也顺利地将抖音电商推上了风口。于是，许多人、特别是有线下实体店或者自身有商品需要销售的人群，都开始将抖音作为一个重要的销售渠道，试图借此把握住这个风口。

　　对于有线下实体店或者自身有商品需要销售的人群来说，抖音电商无疑提供了许多发展的机遇。那么，如果既没有实体店，自身又没有商品可以销售，是不是就无法借助抖音电商获得收益呢？

　　很显然，答案是否定的。因为在抖音平台中，普通运营者也可通过自身的努力获得一定的收益。例如，运营者不仅可通过接全民任务和星图广告获得推广收益，还可以通过精选联盟和团购带货获得佣金收入。当然，运营者要想让自身的收益比较有保障，还需要系统地理解抖音电商，寻找更适合自身的转化获利方案。

　　为了帮助大家更好地"玩赚"抖音电商，有效提升转化收益，作者结合个人实战经验推出了本书。通过4篇、12章内容、150多个干货技巧，对抖音电商的内容进行解读。读者只需读懂并运用书中的知识，即可快速精通抖音电商。

本书讲解比较详细，很多运营技巧展示了具体的操作步骤。所以，即便是不了解抖音电商的读者，也能快速地读懂本书，运用书中的知识快速提高自身的收益。

需要特别提醒的是，在编写本书时，作者是基于当前各平台和软件截图的实际操作图片，但书从写作到出版需要一段时间，在这段时间里，软件界面与功能可能会有调整与变化。比如，有的内容删除了、有的内容增加了，这是软件开发商做的更新，请在阅读时，根据书中的思路，举一反三，进行学习。

本书由陈达远编著，参与编写的人员还有高彪等人。由于知识水平有限，书中难免有错误和疏漏之处，恳请广大读者批评、指正。

编　者

2022 年 3 月

目　　录

全民任务篇

星图广告篇

第3章　入驻星图：进行内容交易的服务平台　41

第 4 章   承接任务：智能、便捷、高效的达人匹配   59

精选联盟篇

第7章 开通联盟：连接商家和达人的选品库 121

第8章 合作推广：帮助商品获得长期的曝光 135

第9章　爆款选品：持续打造"爆款收割机"　167

团购带货篇

全民任务篇

第1章

参与任务：
抖音低门槛全新
转化获利渠道

"全民任务"是抖音推出的一个低门槛转化获利渠道，所有用户都可以通过完成其中的任务来获得收益。可能部分运营者对"全民任务"还不是很了解，本章将讲解"全民任务"的相关知识，让大家更好地参与对应的任务，从而获得更多的收益。

1.1 了解全民任务

虽然"全民任务"是抖音中的一个重要功能，但是可能有的读者对该功能还不是很了解。本节介绍"全民任务"的一些基础知识，帮助大家快速了解"全民任务"。

1.1.1 什么是全民任务

"全民任务"是指所有人都可以参与的任务，也就是说，这些任务没有门槛，只要有想法，运营者就可以参与对应的任务。

而对于"全民任务"的发布者来说，因为这些任务的实质是借助抖音平台对品牌和商品进行推广，所以要给抖音平台支付一定的费用才能进行任务的发布，再加上还需要给参与任务的用户发放奖励，因此，发布这一类任务需要花费一定成本。

在参与"全民任务"的过程中，运营者可以查看全民任务的相关介绍。具体来说，运营者可以在"任务小 tips（秘诀、贴士）"板块中，查看"全民任务"的参与技巧，如图 1-1 所示。

运营者还可以在"如何获得奖励"板块中，查看"全民任务"的"任务类型""获得奖励"和"获得途径"等信息，如图 1-2 所示。

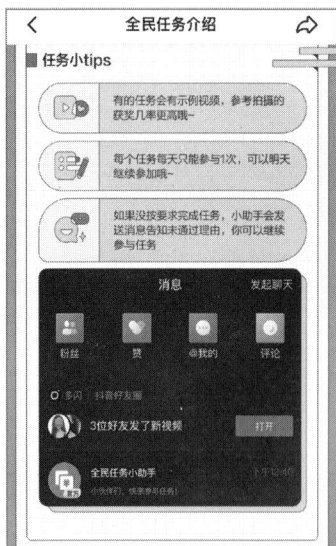

图 1-1 "任务小 tips"板块

图 1-2 "如何获得奖励"板块

另外，运营者如果对"全民任务"的相关问题有疑问，还可以在"全民任务相关Q&A"板块中寻找答案，如图1-3所示。

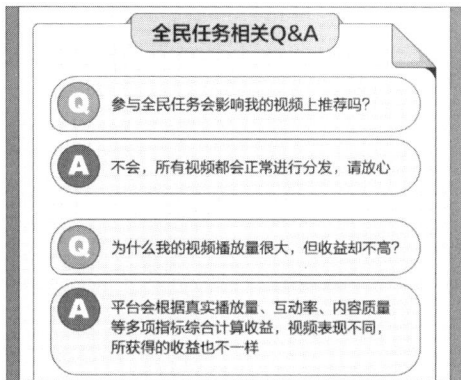

图1-3   "全民任务相关Q&A"板块

1.1.2   全民任务的参与规范

抖音平台制定了《全民任务参与规范》，运营者在参与"全民任务"之前，需要认真查看该规范。具体来说，运营者可以进入某个"全民任务"的"任务详情"界面，如图1-4所示。向上滑动界面，点击"规则说明"中的《全民任务参与规范》链接，如图1-5所示。

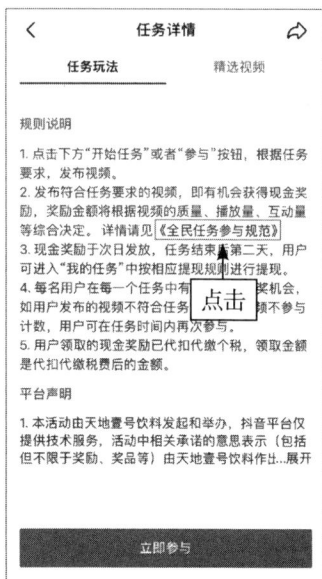

图1-4   "任务详情"界面　　图1-5   点击"《全民任务参与规范》"链接

进入"全民任务用户参与规范"界面，运营者可以在该界面中查看"用户账号规范"和"用户站内发布内容规范"，如图 1-6 所示。

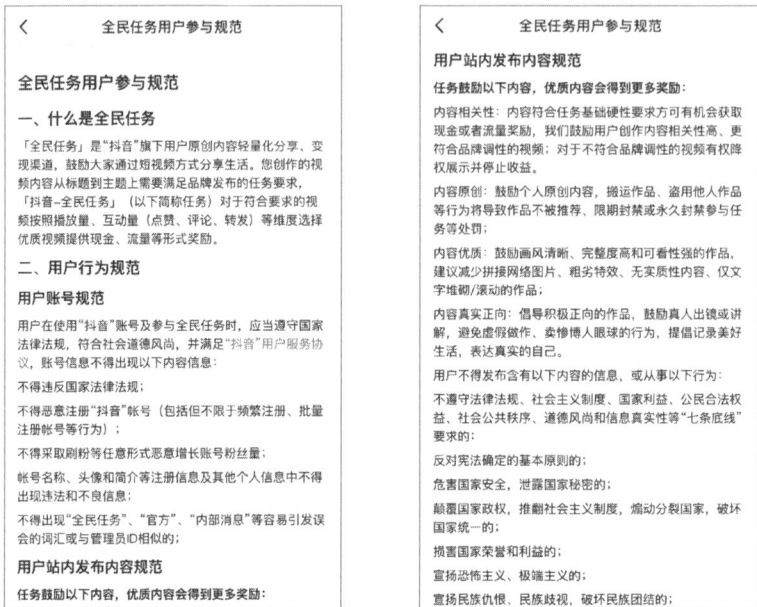

图 1-6　"全民任务用户参与规范"界面

专家提醒：抖音平台对账号和内容的管控比较严格，如果运营者的账号或发布的内容违反了规范，那么平台就会进行处罚。因此，为了更好地参与"全民任务"，运营者需要仔细阅读"全民任务用户参与规范"，并确保自己的内容和行为不会违反该规范。

1.1.3　进入全民任务活动页的三种方式

运营者要想参与"全民任务"，先要进入该类任务的活动页。具体来说，运营者可以通过三种方式进入"全民任务"的活动页，参与对应的任务。下面分别进行说明。

1. 通过"全民任务小助手"进入

在抖音号"全民任务小助手"中为运营者提供了"全民任务"活动页的入口。运营者可通过该入口查看"全民任务"的活动页，具体操作步骤如下。

步骤　01　打开抖音 App，点击"首页"界面右上方的🔍图标，如图 1-7 所示。

步骤 02 进入抖音搜索界面，点击搜索框，如图1-8所示。

图 1-7　点击🔍图标

图 1-8　点击搜索框

步骤 03 ❶在搜索框中输入"全民任务小助手"；❷点击"搜索"按钮，如图1-9所示。

步骤 04 点击搜索结果中对应的抖音号，如图1-10所示。

图 1-9　点击"搜索"按钮

图 1-10　点击搜索结果中对应的抖音号

参与任务：抖音低门槛全新转化获利渠道

步骤 05 进入抖音号"全民任务小助手"的主页界面，点击"官方网站"按钮，如图 1-11 所示。

步骤 06 进入"全民任务"界面，查看相关的任务内容，如图 1-12 所示。

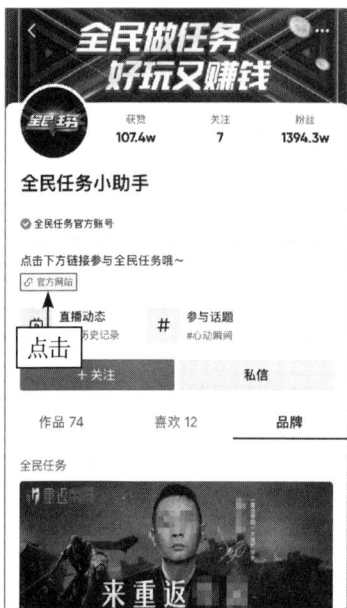

图 1-11 点击"官方网站"按钮

图 1-12 "全民任务"界面

2. 通过"全民任务"功能进入

抖音平台中有一个专门的"全面任务"功能，运营者可通过该功能进入"全民任务"的活动页，具体操作步骤如下。

步骤 01 进入抖音 App 的"我"界面，❶点击▇图标；❷选择"创作者服务中心"选项，如图 1-13 所示。

步骤 02 进入创作者服务中心界面，点击"全民任务"按钮，如图 1-14 所示。

步骤 03 进入图 1-12 所示的"全民任务"活动页，即可查看相关的任务信息。

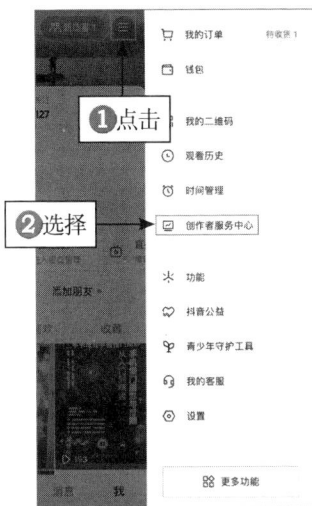

图 1-13　选择"创作者服务中心"选项

图 1-14　点击"全民任务"按钮

3. 通过"任务中心"界面进入

抖音的"任务中心"会展示各类任务的相关信息，运营者可以从其中找到"全民任务"，并选择参与合适的任务。具体来说，运营者可通过如下步骤，在"任务中心"中查看"全民任务"的相关信息。

步骤 01　进入抖音 App 的创作者服务中心界面，点击"任务中心"按钮，如图 1-15 所示。

步骤 02　进入"任务中心"界面，如图 1-16 所示。

图 1-15　点击"任务中心"按钮

图 1-16　"任务中心"界面

步骤 03 向上滑动"任务中心"界面，点击任务类型菜单栏中的"全民"按钮，如图 1-17 所示。

步骤 04 进入"全民任务"的活动页，查看相关的任务信息，如图 1-18 所示。

> 专家提醒：进入"全民任务"活动页的方式主要有以上三种，运营者可以一一进行尝试，选择适合自身习惯的进入方式。简单来说，就是哪种方式用起来比较方便，运营者即可一直用下去，提高自身的操作熟练度。

图 1-17 点击"全民"按钮

图 1-18 "全民任务"活动页

1.2 全民任务的参与流程

1.1 节内容重点讲解了"全民任务"的基础知识，那么运营者要如何参与"全民任务"呢？具体来说，"全民任务"的参与流程主要包括三个步骤，本节分别进行解读。

1.2.1　第1步：挑选感兴趣的任务

"全民任务"活动页中展示了很多任务，在确定要参与任务前，运营者可以根据自己的兴趣进行挑选。具体来说，运营者可通过如下步骤，挑选自己感兴趣的任务。

步骤 01　进入抖音 App 的"全民任务"界面，运营者可以从"行业""奖励类型"和"任务类型"三个角度对任务进行筛选。以"奖励类型"的筛选为例，运营者可以点击"奖励类型"按钮，如图 1-19 所示。

步骤 02　出现奖励类型的下拉面板，❶从面板中选择感兴趣的奖励类型，如"现金奖励"；❷点击"确定"按钮，如图 1-20 所示。

图 1-19　点击"奖励类型"按钮　　　图 1-20　点击"确定"按钮

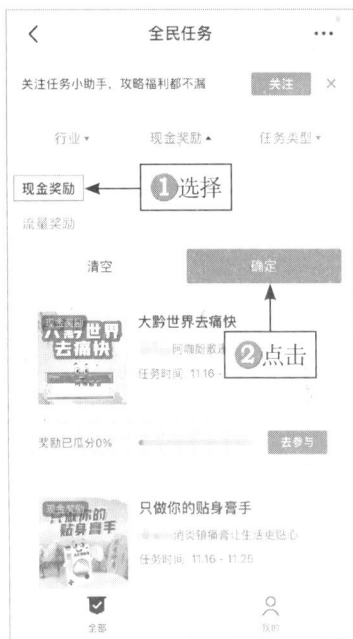

步骤 03　出现符合要求的任务，点击某个任务介绍信息中的"去参与"按钮，如图 1-21 所示。

步骤 04　进入"任务详情"页面，查看该任务的相关信息，如图 1-22 所示。运营者可以根据任务信息进行判断，并通过查看多个任务，从中选择更感兴趣的任务。

图 1-21　点击"去参与"按钮

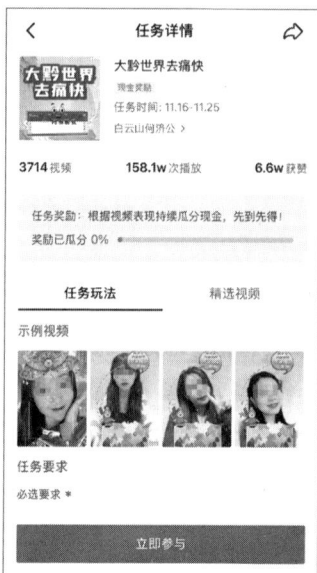

图 1-22　"任务详情"界面

1.2.2　第2步：查看任务玩法

确定了要参与的任务后，运营者即可查看该任务的玩法，为参与任务做好准备。具体来说，运营者可以向上滑动"任务详情"界面，在"任务玩法"板块中查看"任务要求""规则说明"和"平台声明"等信息，如图 1-23 所示。

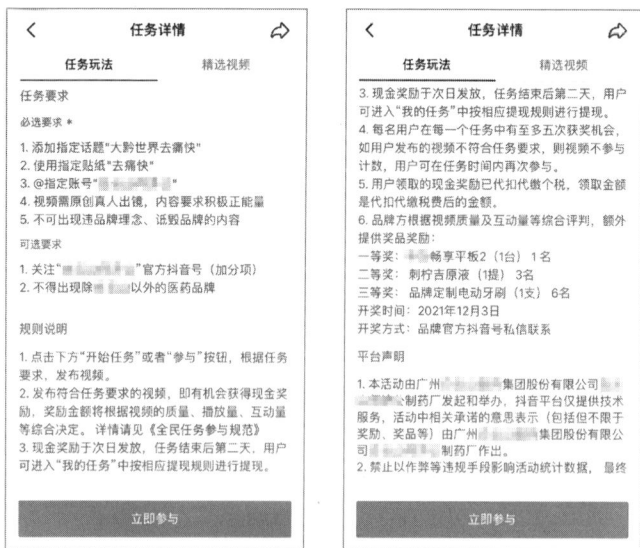

图 1-23　"任务玩法"板块

专家提醒：每个任务的玩法都不相同，运营者可通过查看"任务玩法"的具体内容，判断自身是否适合参与该任务。

1.2.3　第3步：拍摄并发布视频

了解了任务玩法，并确定自己要参与该任务后，运营者即可通过如下步骤拍摄并发布视频，主动参与任务。

步骤 01　进入要参与的"任务详情"界面，点击"立即参与"按钮，如图1-24所示。

步骤 02　进入拍摄设置界面，对相关信息进行设置，点击 图标，如图1-25所示。

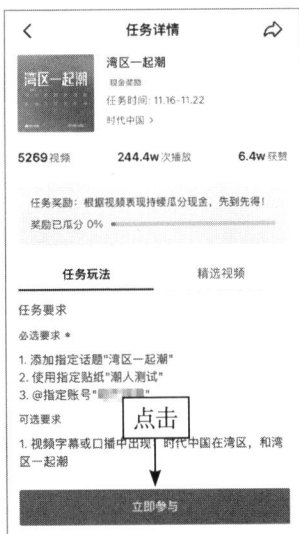

图1-24　点击"立即参与"按钮

图1-25　点击 图标

步骤 03　进入视频拍摄界面，如图1-26所示。

步骤 04　视频拍摄完成后，进入效果预览界面，点击下方的"下一步"按钮，如图1-27所示。

步骤 05　进入"发布"界面，界面的内容输入框中会自动出现任务要带的话题和要@的抖音号。❶运营者可以根据自身需求适当地编写文字内容；❷点击"发布"按钮，如图1-28所示。

步骤 06 进入"朋友"界面，界面左上方会显示视频的发布进度，如图 1-29 所示。

图 1-26 视频拍摄界面

图 1-27 点击"下一步"按钮

图 1-28 点击"发布"按钮

图 1-29 显示视频的发布进度

步骤 07 视频发布完成后，"朋友"界面中会自动播放该视频，如图 1-30 所示。

步骤 08 此时，返回该任务的"任务详情"界面，界面中会显示"投稿视频审核中"，如图 1-31 所示。只要视频通过审核，运营者就有可能获得一定的收益。

图 1-30 自动播放视频

图 1-31 显示"投稿视频审核中"

1.3 全民任务的参与技巧

在参与"全民任务"的过程中，运营者可通过一定的技巧及时获取任务的相关信息，提高参与任务的收益。本节介绍参与"全民任务"时常用的几个技巧。

1.3.1 参考示例和精选视频

在正式发布视频参与任务前，运营者可以先查看示例视频和精选视频，从这些视频中汲取经验。

1. 查看示例视频

示例视频是任务发布方（通常是品牌方）为运营者提供的参考视频，这些视频通常制作比较精良。如果运营者发布的视频能达到示例视频的水准，那么完成任务后获得的收益会比较有保障。

具体来说，点击"任务玩法"板块中某个示例视频的封面，如图 1-32 所示。进入该示例视频的播放界面，查看视频的具体内容，如图 1-33 所示。

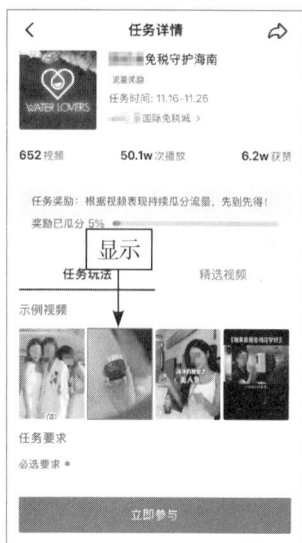

图 1-32　点击某个示例视频的封面

图 1-33　示例视频的播放界面

2. 查看精选视频

精选视频是系统按照综合表现自动展示的视频，这些视频的各项数据通常都比较好，任务结束后获得的收益也较多。

具体来说，❶点击"任务详情"界面中的"精选视频"按钮；❷点击某个精选视频所在的位置，如图 1-34 所示。进入该精选视频的播放界面，查看视频的具体内容，如图 1-35 所示。

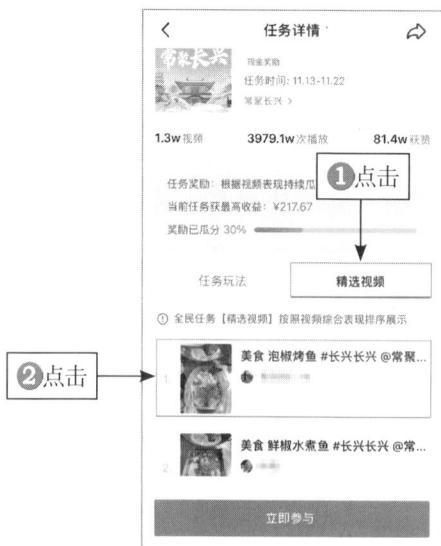

图 1-34　点击某个精选视频所在的位置

图 1-35　精选视频的播放界面

专家提醒：示例视频和精选视频的区别在于，示例视频是由任务发布者提供的，作用类似于给任务参与者做个示范；而精选视频则是根据各类数据自动产生的，是任务收益比较高的视频。对于运营者来说，要提高视频的审核通过率，可以重点参考示例视频；而要提高任务收益，则可以重点参考精选视频。

1.3.2 增加任务的参与次数

通常来说，运营者参与"全民任务"的次数越多，任务结束后获得的收益也会越多。对此，运营者可通过以下两种方式增加任务的参与次数，从而有效地提高自身的收益。

1. 同时参与多个任务

"全民任务"活动页中为运营者提供了多个任务，而且很多任务的参与时间有所重叠。对此，运营者可以挑选多个正在进行的任务，通过同时参与这些任务来保障自身的收益。

例如，某一天笔者同时参与了两个"全民任务"，如图 1-36 所示（已参与的任务，"去参与"按钮会变成灰色）。

图 1-36　同时参与两个任务

2. 多次参与同一任务

有的任务可能会持续一段时间，而且运营者每天都可以参与一次。对此，运营者可以挑选自己感兴趣的任务，并通过多次参与该任务来保障自身的收益。

例如，运营者成功参与某任务之后，如果该任务第二天还可以再次参与，那么"全民任务"界面中会显示可以再次参与的倒计时，如图 1-37 所示。而倒计时结束后，则会显示"可再次参与"，如图 1-38 所示

图 1-37　显示可以再次参与的倒计时

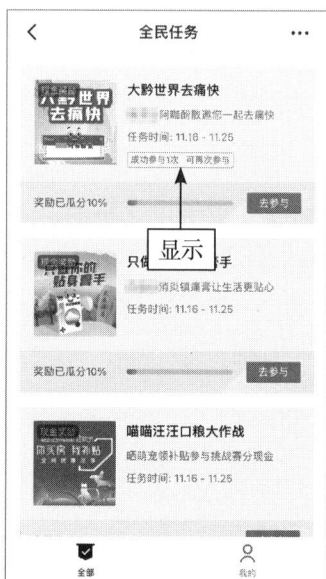

图 1-38　显示"可再次参与"

1.3.3　开启"新任务提醒"功能

抖音平台中有一个"新任务提醒"功能，在运营者开启该功能后，当抖音中有新的"全民任务"上线时，会收到系统的提醒消息。具体来说，运营者可通过如下步骤开启"新任务提醒"功能，查看新上线任务的相关信息。

步骤 01　进入抖音 App 的"全民任务"界面，点击右上方的 ··· 图标，如图 1-39 所示。

步骤 02　进入"更多"界面，向右滑动"新任务提醒"后方的 ◯ 图标，如图 1-40 所示。

步骤 03　如果 ◯ 图标变成 ◯ 图标，并且界面中显示"已开启全民任务上线通知，可在【消息】-【系统通知】中查看"，这说明"新任务提醒"功能开启成功了，如图 1-41 所示。

步骤 04 "新任务提醒"功能开启成功后，如果抖音平台中上线了新的"全民任务"，系统会自动给运营者发送"功能通知"。选择"消息"界面中的"功能通知"选项，如图 1-42 所示。

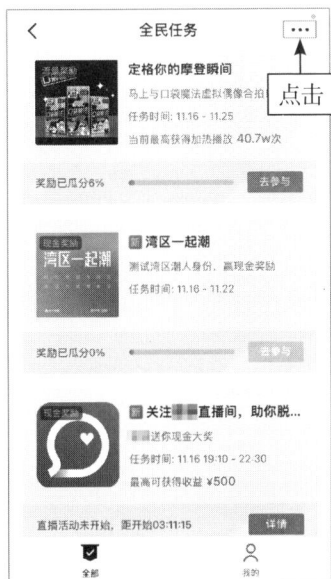

图 1-39 点击 ⋯ 图标

图 1-40 向右滑动 ⬤ 图标

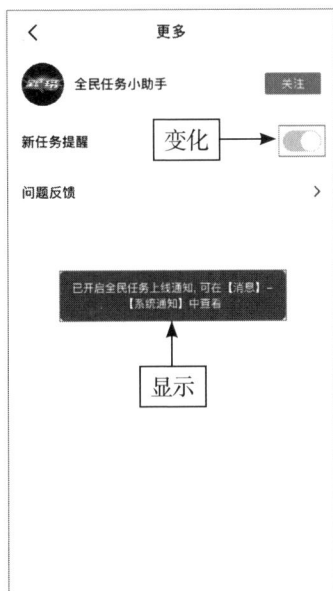

图 1-41 "新任务提醒"功能开启成功

图 1-42 选择"功能通知"选项

步骤 05 进入"功能通知"界面，点击新消息所在的位置，如图 1-43 所示。

步骤 06 进入"任务详情"界面，查看该任务的相关信息，如图 1-44 所示。

图 1-43　点击新消息所在的位置

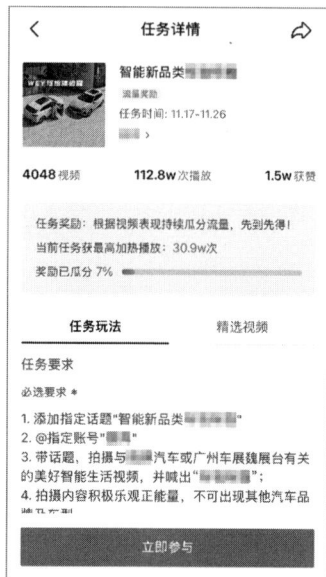

图 1-44　"任务详情"界面

第**2**章

收益提现：
零粉丝也能每天
获得收入

运营者可以积极参与"全民任务"，然后进行收益提现。这样，即使运营者没有粉丝，只要完成的"全民任务"足够多、质量有保障，每天也可以获得一定的收入。

2.1 全民任务的奖励方式

"全民任务"的奖励方式有两种：一种是现金奖励，另一种是流量奖励。本节对这两种奖励方式进行简单说明。

2.1.1 现金奖励

现金奖励是完成对应的任务后，即可获得一定的现金。采用这种奖励方式的任务，在任务结束后会给参与者的账号中汇入对应的金额。因此，如果运营者成功参与了现金奖励类任务，那么任务结束后即可进行提现。

具体来说，在参与"全民任务"之前，运营者可以进入对应任务的"任务详情"界面查看相关信息。如果该界面中任务名称的下方和"规则说明"中出现了"现金奖励"的字样，就说明该任务采用的是现金奖励的方式，如图 2-1 所示。

图 2-1　现金奖励任务的"任务详情"界面

2.1.2 流量奖励

流量奖励是完成对应任务后，即可获得商品流量加热权益，让视频获得更多的曝光量。参与这种奖励方式的任务虽然不能直接获得现金，但却能免费给视频带来一定的流量，省去视频"DOU＋加热"（通过向抖音官方支付一定的费用，让短视频或直播获得更多流量）的费用。因此，从这个角度来说，参与有流量奖励的任务是间接获得收益。

具体来说，运营者可以进入对应任务的"任务详情"界面查看相关信息。如果该界面中任务名称的下方和"规则说明"中出现了"流量奖励"的字样，就说明该任务采用的是流量奖励的方式，如图2-2所示。

图2-2　流量奖励任务的"任务详情"界面

2.2　全民任务的审核和提现

运营者发布任务参与视频后，抖音平台会对视频进行审核，只有通过审核的视频才能获得奖励，并将奖励进行提现。本节为大家分析"全民任务"的审核规则和收益提现操作，确保大家参与任务后都能将收益转入自己的支付宝账号中。

2.2.1　全民任务的审核规则

所有参与"全民任务"的视频都要经过抖音平台的审核，如果运营者不知道审核规则，那么参与任务的收益将难以得到保障。具体来说，"全民任务"的审核规则主要是指以下四类视频很可能无法通过审核。

1. 不符合任务要求的视频

每个"全民任务"都有一些任务要求，运营者发布的视频必须要符合对应任务的"必选要求"，否则视频将会因为不符合任务要求而无法通过审核。图 2-3 所示为某任务的"必选要求"。

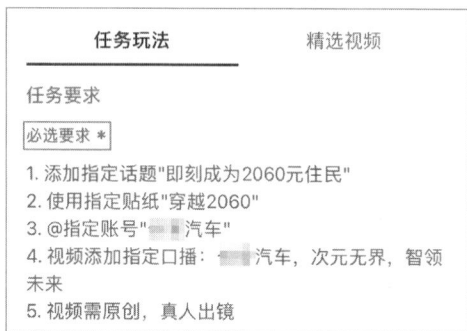

图 2-3　某任务的"必选要求"

2. 与内容方向无关的视频

有的"全民任务"中会规定内容方向，如果运营者发布的视频与规定的内容方向无关，那么视频将无法通过审核。图 2-4 所示为某任务的"必选要求"，可以看到其中列出了三个内容方向。

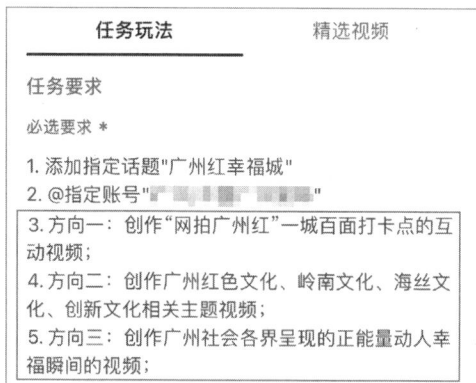

图 2-4　某任务的内容方向

3. 重复、抄袭的视频

很多短视频平台中都规定不能直接搬运视频，而且有的任务中明确规定视频必须是原创的，因此，如果运营者直接用重复的视频或抄袭的视频参与任务，那么视频很可能无法通过审核。图 2-5 所示为某任务的"必选要求"，可以看到其中明确规定"内容需原创""不得剪辑拼凑他人视频"。

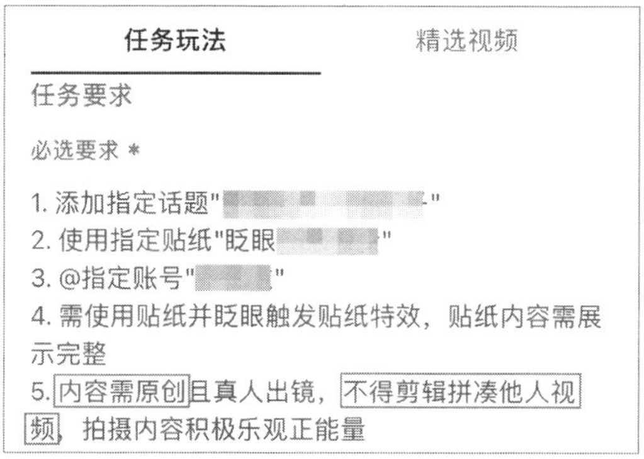

图 2-5　规定内容需原创的任务

4.　低俗、有恶意的视频

抖音是一个传播正能量的平台，因此，运营者发布的内容应该是积极向上的。另外，有的"全民任务"会明确规定视频中不能出现低俗、暴力的内容。图 2-6 所示为某任务的"必选要求"，其中明确规定视频中不能出现低俗的内容。所以，如果运营者为了吸睛故意发布低俗、暴力的视频，那么视频将难以通过审核，而且运营者还有可能受到抖音平台的处罚。

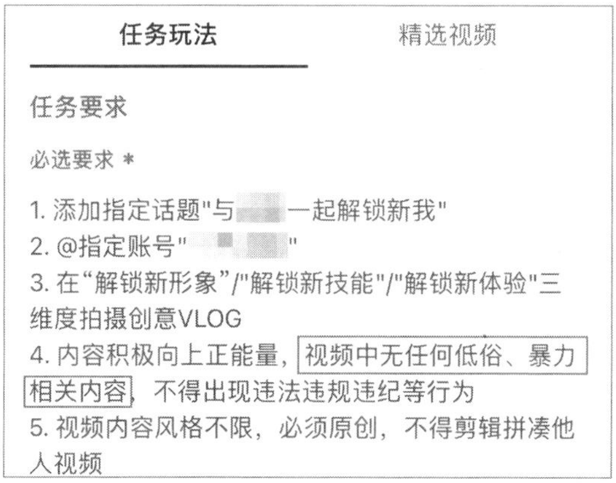

图 2-6　规定视频中不能出现低俗、暴力内容的任务

2.2.2　全民任务的提现操作

通常来说，如果运营者参与了某个"全民任务"，那么任务结束后，会收到一条系统通知，如图 2-7 所示。收到该通知的第二天，运营者即可将参与任务

获得的收益进行提现，具体操作步骤如下。

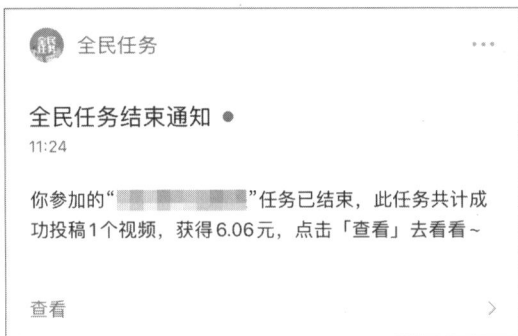

图 2-7　"全民任务"结束通知

步骤　01　进入抖音 App 的"全民任务"界面，点击下方"我的"按钮，如图 2-8 所示。

步骤　02　点击"现金收益"板块中的"提现"按钮，如图 2-9 所示。

图 2-8　点击"我的"按钮

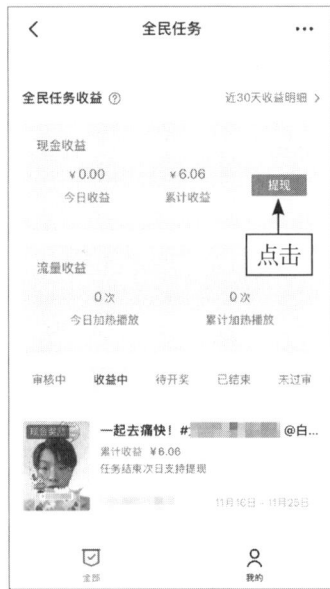

图 2-9　点击"提现"按钮

步骤　03　进入"财务管理"界面，点击"提现"按钮，如图 2-10 所示。

步骤　04　在弹出"未绑定提现账号"面板，点击"去绑定"按钮，如图 2-11 所示。

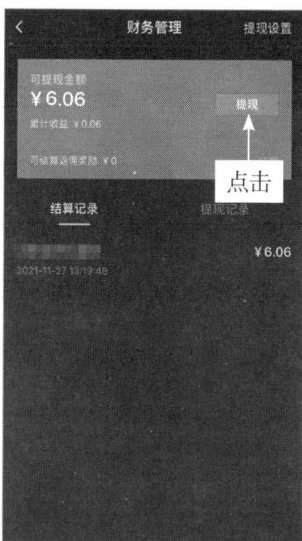

图 2-10　点击"提现"按钮

图 2-11　点击"去绑定"按钮

步骤 05　进入"绑定提现手机号"界面，❶在界面中输入手机号码和验证码；❷点击"下一步"按钮，如图 2-12 所示。

步骤 06　进入"个人实名认证"界面，❶在界面中输入姓名和身份证号码；❷点击"下一步"按钮，如图 2-13 所示。

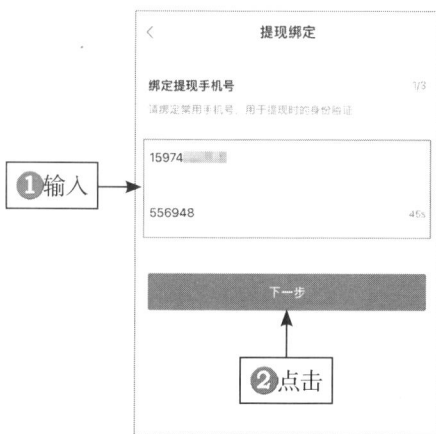

图 2-12　点击"下一步"按钮（1）

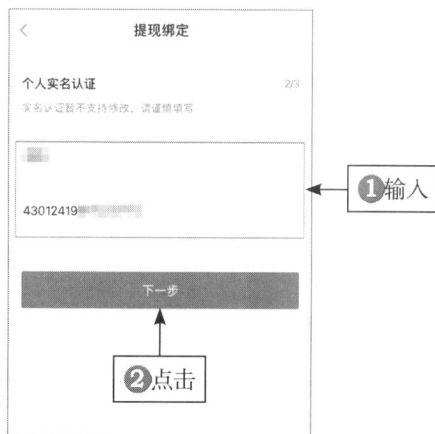

图 2-13　点击"下一步"按钮（2）

步骤 07　进入"添加支付宝"界面，❶在界面中输入支付宝账号；❷点击"提交"按钮，如图 2-14 所示。

步骤 08 界面中会显示"绑定支付宝成功"，如图 2-15 所示。

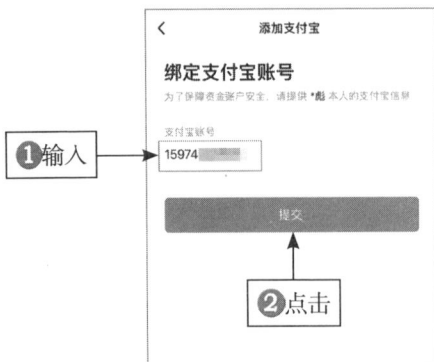

图 2-14 点击"提交"按钮

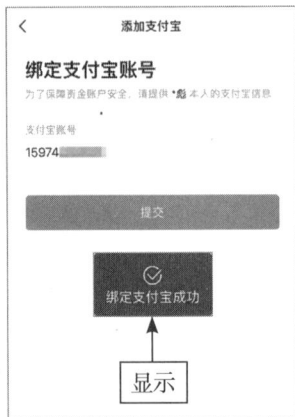

图 2-15 显示"绑定支付宝成功"

步骤 09 返回"财务管理"界面，再次点击"提现"按钮，弹出"输入你收到的验证码"面板，❶在面板中输入验证码；❷点击"确定"按钮，如图 2-16 所示。

步骤 10 进入"提现"界面，❶在界面中输入提现金额；❷点击"确认提现"按钮，如图 2-17 所示。

图 2-16 点击"确定"按钮

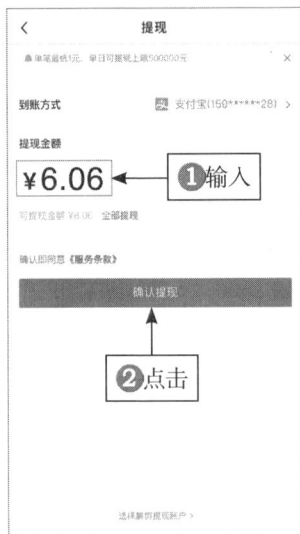

图 2-17 点击"确认提现"按钮

步骤 11 即可完成提现，将获得的收益转入支付宝账号中即可。

如果运营者是第一次进行收益提现，那么可以点击"全民任务"界面中的⑦图标，查看收益提现的注意事项，如图 2-18 所示。需要注意的是，如果任务还未结束，那么即使运营者获得了现金奖励，"财务管理"界面中"可提现金额"显示的也是 0 元，也就是说，此时无法进行提现操作，如图 2-19 所示。

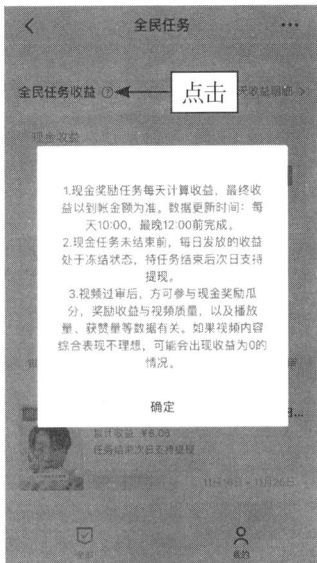

图 2-18　查看收益提现的注意事项　　图 2-19　"可提现金额"显示为 0 元

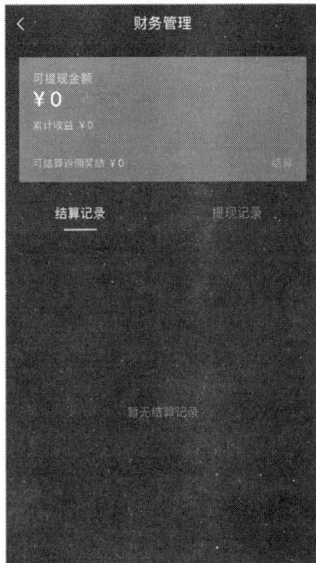

2.3　影响全民任务收益的指标

影响"全民任务"收益的指标主要有三个，即视频的质量、播放量和互动量。本节重点分析这三个指标。

2.3.1　视频的质量

在抖音平台中，视频的质量会影响播放量和互动量等数据。这主要是因为抖音平台会根据用户看完视频后的反应，决定是否要将视频推送给更多的用户。因此，如果运营者发布的视频质量足够好，那么很多用户看到视频后，都会点赞、评论和转发。这样，抖音平台会认为视频比较受到用户的欢迎，并将其推送给更多的用户，而视频的播放量和互动量也就随之增加了。

另外，抖音平台还会对参与"全民任务"的视频进行审核，如果视频质量不过关，那么视频可能无法通过审核。如图 2-20 所示，某个视频就是因为"画质模糊""无完整内容""观感体验差"等质量不过关的问题，未能通过抖音平台的审核。

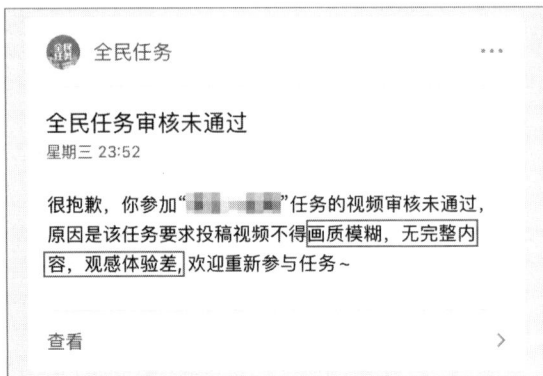

图 2-20　视频因质量不过关未能通过审核

2.3.2　视频的播放量

参与"全民任务"获得的视频播放量，与任务结束后获得的收益直接相关。通常来说，参与任务的视频获得的播放量越高，任务结束后获得的收益就越多。因此，为了获得更多的收益，运营者可以对视频进行一些设计，让看到视频封面的用户忍不住想要查看具体内容，从而提高视频的播放量。

> 专家提醒：一般来说，播放量和收益的比例为 1000 ∶ 1。也就是说，视频获得 1000 次播放，运营者可获得 1 元收益。

2.3.3　视频的互动量

参与"全民任务"的视频获得的互动量，与任务完成后获得的收益也有一定的关系。通常来说，参与任务的视频获得的点赞、评论和转发越多，任务完成后运营者获得的收益就越多。

2.4 如何做才能获得更高的收益

对于很多运营者来说，参与"全民任务"不难，真正难的是通过参与任务获得较为可观的收益。那么，运营者如何做才能获得更高的收益呢？本节介绍几种实用的方法。

2.4.1 要敢于出镜，而且还要擅长模仿

有的"全民任务"会将真人出镜作为"必选要求"，如图 2-21 所示。还有的任务会要求进行相关模仿，例如，某任务中将模仿示例视频同款舞蹈动作作为加分项，如图 2-22 所示。

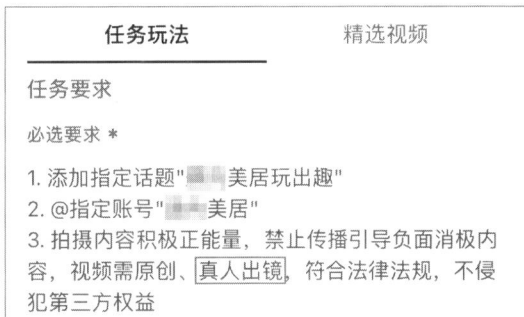

图 2-21　要求真人出镜的视频

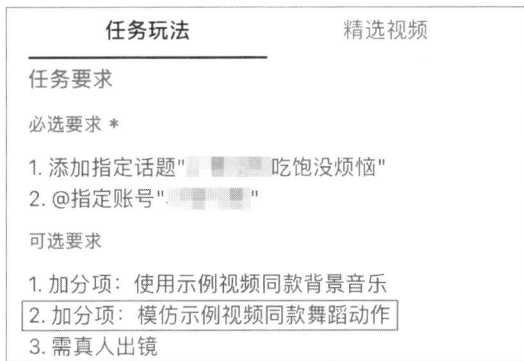

图 2-22　模仿示例视频同款舞蹈动作可加分的任务

因此，如果运营者敢于出镜，而且还擅长模仿，那么在参与"全民任务"时会如鱼得水，参与任务的收益也会比较有保障。

2.4.2　视频中展示广告内容，进行点题

很多"全民任务"实际上是要给某个品牌、商品或活动打广告，因此，在制作视频的过程中，运营者有必要在视频中展示广告内容，这就像写文章点题一样，能让内容与主题快速产生链接。而且有的任务中可能会规定要在视频中打广告，此时运营者要想获得更高的收益，就必须满足任务发布方的要求，通过打广告来进行点题。

例如，某个任务是为了推广某个购物节而发布的，因此，任务中明确规定要对该购物节的相关内容进行展示。所以，大多数参与该任务的运营者都在视频的最后展示了该购物节的广告内容，如图 2-23 所示。

图 2-23　视频的最后展示广告内容

2.4.3　标题写得好，播放、互动量不会少

在抖音电商的运营过程中，标题的编写非常关键，因为很多人会根据标题来判断是否要查看视频内容，所以，标题的好坏会直接影响视频的多项数据。如果标题写得好，观看视频的用户自然会增多，而视频的点赞和评论等互动数据也会随之增加；反之，如果标题写得不好，很多用户看到标题后可能都没有查看视

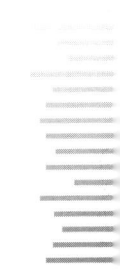

频内容的意愿，这样一来，视频的各项数据都难以得到保障。

前面在讲影响"全民任务"收益的指标时，曾说过视频的播放量和互动量与参与任务的收益直接相关。因此，如果标题写得好，播放量和互动量有保障，那么，参与任务获得的收益自然会比较可观。

例如，某运营者发布视频参与了某个武侠类游戏的"全民任务"，因此，该运营者将视频标题写成"我看看是谁要抢我秘籍！"如图 2-24 所示。这个标题就写得比较好，一方面标题与游戏类型直接相关，让人一看就能明白这是在参与什么任务；另一方面该标题看上去也比较俏皮，让人能快速感受到运营者的诙谐和幽默。

图 2-24　写得比较好的视频标题

2.4.4　搞笑、反转类的内容更容易上热门

大部分用户之所以愿意刷抖音视频，主要是因为可以从视频中获得开心、愉悦的心情。对此，运营者可以根据"全民任务"的要求，打造搞笑类的视频。这种类型的视频可以在带给用户愉悦心情的同时，让用户积极主动地进行互动。

图 2-25 所示为某运营者参与某个"全民任务"时发布的一条短视频。该短视频中将小猫作为主角，而且还配备了具体的字幕。具体来说，就是小猫张嘴或做出某些表情时，都会在视频中添加字幕，字幕内容就成了小猫正在说的话。再加上有的字幕内容比较有趣，显得小猫非常调皮、可爱，用户会觉得该视频非常搞笑。

图 2-25　搞笑类视频内容

除了搞笑类内容之外，反转类内容也比较容易上热门。因为当用户看到视频中意想不到的反转时，会觉得视频剧情安排得比较巧妙。同时，为了表达对反转内容的喜爱，很多用户都会给视频点赞、评论，有的用户甚至会将视频转发给其他人。如果反转类视频的质量比较高，那么视频的各项数据都会比较高，而任务结束后运营者获得的收益就会更有保障。

2.4.5　及时留意平台的热门玩法和热梗

抖音平台上有时候会出现一些热门玩法和热梗，运营者在参与"全民任务"时，可以将这些热门玩法和热梗融入视频中。

例如，某段时间有位男生为了向自己心爱的女孩表白，给女孩送了一辆车。

路人将这辆车的运送过程拍了下来，发布到了抖音短视频平台。很多用户看到该视频后，纷纷表示很羡慕这个女孩。也有部分用户看到视频后争相模仿，给自己心爱的人也送上了一辆车。因此，一时之间给心爱的女孩送一辆车就成了一个热梗。

几个月之后，某汽车品牌为了宣传新产品发布了一个"全民任务"，该任务的主要要求就是对这款新车进行宣传，提高它在抖音平台中的知名度。某个运营者看到该任务后，想起了之前那个为心爱的女孩送一辆车的热梗。于是该运营者结合这个热梗发布了一个短视频，如图 2-26 所示。

图 2-26　结合热梗参与任务的视频

虽然几个月过去了，这个热梗的热度消退了许多，但是该短视频还是快速获得了较多的点赞和评论。这个视频的数据比起大多数参与该任务的视频要好得多，由此也可以看出，热梗对于部分用户始终具有一定的吸引力，如果运营者能将热梗融入自己的短视频中，更容易获得用户的关注。

2.5　优质全民任务视频的打造技巧

对于运营者来说，如果能将参与"全民任务"的视频打造成优质视频，视频的各项数据上去了，自己的收益也就有保障了。那么，运营者要如何打造优质的"全民任务"视频呢？本节重点介绍五个技巧。

2.5.1 运用热门 BGM ＋ Vlog 的展现形式

在参与"全民任务"的过程中，运营者可以运用热门 BGM（Background Music，背景音乐）＋ Vlog 的展现形式来打造视频，让视频内容受到更多用户的欢迎。下面介绍运用热门 BGM 和 Vlog（微录，是指通过视频的形式记录自己的日常）展现形式打造视频的技巧。

1. 运用热门 BGM

大多数视频中都需要通过添加 BGM 来增加内容的丰富度，让内容更具有吸引力。对此，运营者与其随便添加一个 BGM，倒不如选择使用热门 BGM。这主要是因为热门 BGM 不仅更为人熟知，而且还能勾起一些人的回忆。

对此，抖音电商学习中心进行了举例说明。图 2-27 所示为某运营者参与某个"全民任务"时发布的短视频，该短视频中将电视剧《家有儿女》中的歌曲作为 BGM，所以，很多用户听到该 BGM 后勾起了回忆，纷纷在评论区发表意见。因此，该短视频很快就获得了数百个评论。

图 2-27　运用热门 BGM 的视频

那么，运营者如何给参与"全民任务"的视频添加热门音乐呢？具体操作步骤如下。

步骤 01 拍摄视频，进入效果预览界面，点击"选择音乐"按钮，如图 2-28 所示。

步骤 02 在弹出的面板中，点击"发现"按钮，如图 2-29 所示。

图 2-28 点击"选择音乐"按钮　　　图 2-29 点击"发现"按钮

步骤 03 在弹出的"选择音乐"面板中，点击"热歌榜"按钮，如图 2-30 所示。

步骤 04 在弹出的"热歌榜"面板中，点击某首歌曲对应的位置，如图 2-31 所示。

步骤 05 对应歌曲后面会出现"使用"按钮，点击该按钮，如图 2-32 所示。

步骤 06 返回视频预览界面，此时原来"选择音乐"按钮所在的位置会显示歌曲名称，如图 2-33 所示。

图 2-30 点击"热歌榜"按钮

图 2-31 点击某首歌曲对应的位置

图 2-32 点击"使用"按钮

图 2-33 显示歌曲名称

运营者只需按照操作发布该视频，即可将运用了热门 BGM 的视频发布到抖音平台中。

2. 运用 Vlog 的展现形式

很多人都习惯将自己的日常分享给他人，对于这部分用户来说，运用 Vlog 的展现形式拍摄视频就是一种不错的选择。这种视频制作方法比较简单，视频中的人物也可以自然地流露自己的情感，而且如果视频的质量比较高，还能快速吸引大量用户围观。

对此，抖音电商学习中心进行了举例说明。图 2-34 所示为某运营者参与"全民任务"时发布的一条短视频，该短视频是通过 Vlog 的形式来展现女孩在家养猪（是指每天的生活像小猪一样无忧无虑，以吃和睡为主）的一天。因为该视频的内容比较有趣，所以一经发布后，很快就吸引了大量用户的关注。

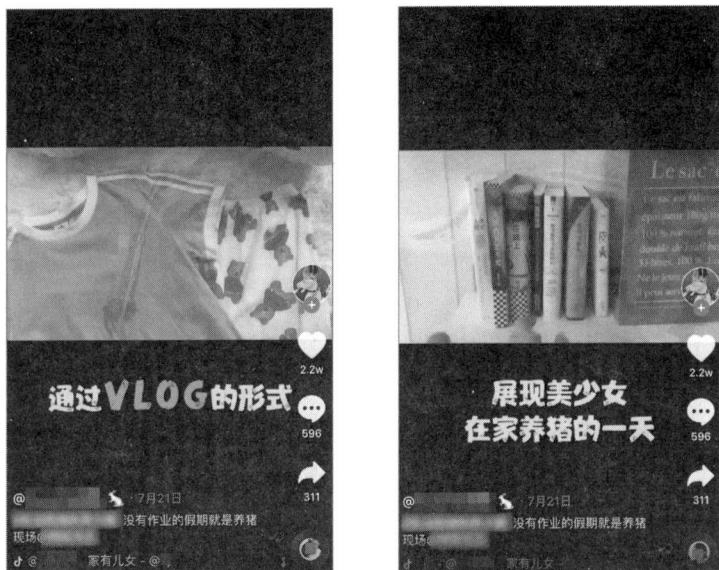

图 2-34　运用 Vlog 展现形式的视频

2.5.2　夸张的表演方式＋精巧的制作

运营者可以从出镜人物的表现和制作方法两个角度来打造"全民任务"视频，如通过夸张的表演方式＋精巧的制作来打造视频。夸张的表演会使人物的表现更具有张力，让视频内容更能吸引人，而精巧的制作则可以提升视频的质量，让视频更具有观赏性。

抖音电商中心通过举例展示了一条短视频，该短视频中某位魔术师通过比较夸张的表演吸引了大量用户的围观。另外，这条短视频的制作精巧，运用了很多酷炫的特效，如图 2-35 所示。因此，该视频的各项数据都比较高，其中点赞量更是超过了 34 万。

图 2-35　制作精巧的视频

2.5.3　拍摄有自己风格的视频内容

有的运营者在运营了抖音号一段时间后会形成自己的内容风格。例如，某运营者经常用唯美的视频画面＋优质的文案内容来打造旅游摄影类视频内容，这形成了该运营者的风格。因此，该运营者参与"全民任务"时也根据自己的风格打造了一条短视频，如图 2-36 所示。

图 2-36　拍摄具有自己风格的短视频内容

在参与任务前，该运营者已经通过自己的风格获得了大量粉丝，说明这种风格比较受到用户欢迎。再加上视频内容与任务要求的关联性本身比较强，视频内容看起来不像是在做硬广告，所以，用户看到视频后，会觉得还是熟悉的配方，而不会因为觉得内容的广告性太强。

2.5.4 视频开头就能吸引住用户

很多优质的视频都有一个共同点，那就是开头就能够吸引住用户。这主要是因为很多用户都是通过滑动"推荐"界面随机查看视频的，如果视频的开头没有吸引力，用户可能会选择看下一个视频；而如果视频的开头比较有吸引力，那么用户就会想要看完视频内容。

图 2-37 所示为抖音电商学习中心展示的一个"全民任务"优质视频。该视频开头的台词就吸引住用户的注意，所以，用户会想要继续看下去。再加上接下来的内容不仅符合任务要求，而且还有一定的趣味性，因此，很多用户都纷纷为该视频点赞。

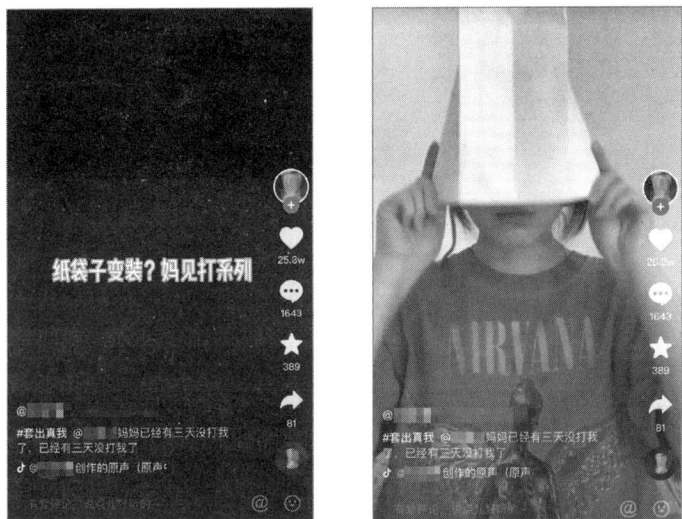

图 2-37 视频开头就能吸引住用户的注意

2.5.5 创意性地完成任务要求

在完成"全民任务"时，运营者可以加入自己的创意，这样既能显示出运营者在用心制作内容，还能制作出区别于他人的内容。

例如，某个"全民任务"的要求是用挖掘机来秀绝活，因此，很多人都展示了自己使用挖掘机的工作场景，这样做虽然能体现自己的操作水平，但做的人多了就显得没有什么创意了。

与这些人不同，某位运营者发布的视频中展示的是用挖掘机打开打火机，如图 2-38 所示。这种挖掘机的展示方式具有一定的创意性，能很好地展示操作的精准性，而且更符合"秀绝活"这个主题。

图 2-38　创意性地完成任务要求

星图广告篇

第 **3** 章

入驻星图：
进行内容交易的
服务平台

巨量星图是一个内容交易的服务平台，运营者只需在入驻该平台后接任务，并按要求发布内容，即可获得收益；而商家则可以发布任务，让接受任务的运营者帮自己做营销。

3.1 了解巨量星图平台

有的运营者刚入驻抖音，还有的运营者主要是通过带货进行转化获利，没接过星图任务，所以，对巨量星图所知比较有限。本节讲解巨量星图的一些基础知识，带大家从零开始快速认识该平台。

3.1.1 什么是巨量星图

巨量星图是为运营者和商家提供服务的一个平台，运营者可通过接任务获得收益，商家可通过发布任务让运营者帮忙做品牌营销。作为抖音官方认可的一个平台，巨量星图具有其他平台难以获得的优势，这主要体现在四个方面，具体如图 3-1 所示。

视频创作者入驻1000+
全面覆盖多种营销场景，已经服务超70+行业，2W+广告主，17万单生意

从下单到成片只用36小时
所有生产环节的规范化运作使流程变得极度高效与精简，减少反复

一次成单率达93%
利用平台数据对不同营销场景进行深度理解，精准匹配相应服务商，高效完成

采购成本降低20%～50%
灵活的结算方式使得制作相同质量的视频作品的成本大大降低

图 3-1 巨量星图平台的优势

3.1.2 巨量星图的主要作用

巨量星图的作用主要是为商家和运营者提供一个交流的平台，拓展运营者的转化获利渠道，让商家可通过发布任务更好地进行品牌营销。

对于一些本身没有商品可以销售，或者账号定位不太适合销售商品的运营者来说，通过巨量星图获得收益是一个不错的选择。运营者只需从巨量星图平台中接受任务，并按要求发布内容，即可获得收益。

对于商家来说，巨量星图则是一个助力品牌营销的良好渠道。因为巨量星图是抖音官方支持的一个平台，所以，商家发布任务后，会有符合要求的运营者来接受任务。而且巨量星图可以为商家量身定制品牌营销方案，让商家的营销获得更好的效果，如图 3-2 所示。

品牌营销

量身定制品牌营销方案

查看更多详情

视频定制

拥有顶尖全球导演与制片团队，从创意方案制定、拍摄管理、项目完稿到全媒体内容分发，提供视频定制化拍摄

了解详情 ▶

整合营销

为品牌提供从创意策划、内容制作、线上媒体分发、线下活动落地等全链路的创意整合营销解决方案

了解详情 ▶

平面拍摄

依托图虫全球优质摄影师资源，从策略制定、方案策划、拍摄管理、项目完稿到全媒体内容分发，提供图片定制化拍摄与后期服务

了解详情 ▶

影像大赛

依托图虫影像社区平台和丰富的摄影师资源，通过公开征集照片/短视频等形式，为客户提供优质的创作素材

了解详情 ▶

图 3-2　巨量星图为商家量身定制品牌营销方案

3.1.3　如何成为星图可接单达人

运营者只需满足巨量星图平台的入驻要求和开通任务要求，即可进入巨量星图平台，接受相关的星图任务，成为接单达人，并通过发布对应的内容来获得收益。关于巨量星图平台的入驻要求和开通任务要求，将在 3.2 节中进行说明。

3.2　巨量星图的入驻技巧

运营者只有成功入驻巨量星图平台，才能在该平台中接受相关任务，获得收益。本节讲解入驻巨量星图平台的相关技巧，帮大家打开一条新的转化获利之路。

3.2.1　普通账号入驻巨量星图

普通抖音运营者如果想要通过接任务来获得收益，可以选择入驻巨量星图平台。当然，普通运营者入驻巨量星图平台是有一定要求的。图 3-3 所示为普通运营者入驻巨量星图平台的要求。

除了入驻巨量星图有要求之外，开通任务也是有要求的。图 3-4 所示为普通运营者开通巨量星图任务的要求。

1）入驻要求：

满足以下任一要求即可：

- 抖音账号在抖音平台粉丝量 ≥1000，且已经开通直播购物车权限
- 抖音账号在抖音平台粉丝量 ≥1万，且内容调性健康合法

图 3-3　普通运营者入驻巨量星图平台的要求

2）开通任务要求：

巨量星图任务类型	开通要求
抖音传播任务	抖音账号在抖音平台粉丝量 ≥10万，且内容调性健康合法
抖音短视频投稿任务	抖音账号在抖音平台粉丝量 ≥1万，且内容调性健康合法
直播品牌推广任务	• 抖音账号在抖音平台粉丝量 ≥30万 • 申请开通任务前30日每场直播平均看播2000人 • 内容调性健康合法
直播电商带货任务	• 抖音账号在抖音平台粉丝量 ≥1000 • 已开通电商直播权限 • 内容调性健康合法

图 3-4　普通运营者开通巨量星图任务的要求

如果运营者达到巨量星图平台的入驻要求，即可通过如下操作入驻该平台。

步骤 01　进入巨量星图平台，选择"选择您的身份"页面中的"达人／创作者"选项，如图 3-5 所示。

图 3-5　选择"达人／创作者"选项

步骤 02 进入"选择您的媒体平台"页面，选择"我是抖音达人"选项，如图 3-6 所示。

图 3-6 选择"我是抖音达人"选项

步骤 03 进入"抖音"页面，页面中会出现一个二维码，如图 3-7 所示，运营者需要通过抖音 App 扫码进行验证。

图 3-7 "抖音"页面

步骤 04 进入抖音 App 的"首页"界面，点击右上方的🔍图标，如图 3-8 所示。

步骤 05 进入抖音的搜索界面，点击搜索栏右侧的图标，如图 3-9 所示。

步骤 06 进入"扫码"界面，将摄像头对准二维码进行扫码，如图 3-10 所示。

步骤 07 进入"抖音授权"界面，点击下方的"同意协议并授权"按钮，如图 3-11 所示。

图 3-8 点击🔍图标

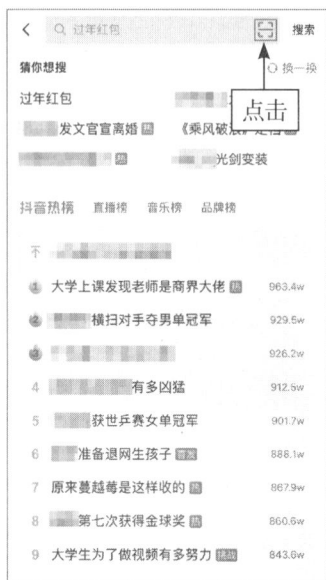

图 3-9 点击🔳图标

图 3-10 "扫码"界面

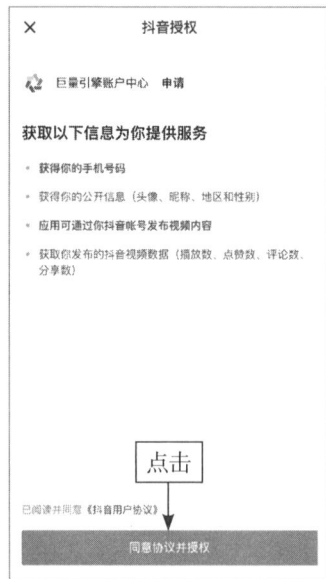

图 3-11 点击"同意协议并授权"按钮

步骤 08　进入巨量星图达人营销平台的"我的星图"界面，完成巨量星图平台的入驻，如图 3-12 所示。

图 3-12　"我的星图"界面

3.2.2　企业账号入驻巨量星图

虽然企业账号与个人账号有些不同，但是企业账号也可以入驻巨量星图平台。当然，企业账号与个人账号入驻巨量星图平台的要求也是有一些差异的。图 3-13 所示为企业账号入驻巨量星图平台的要求。

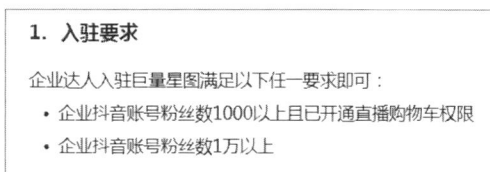

图 3-13　企业账号入驻巨量星图平台的要求

当然，企业账号要想通过巨量星图任务获得收益，还需要开通任务功能。具体来说，任务类型不同，任务的开通要求也不同。图 3-14 所示为企业账号开通巨量星图任务的要求。

如果企业账号达到入驻要求，即可通过一定的操作入驻并登录巨量星图平台。图 3-15 所示为企业账号入驻和登录巨量星图平台的方法。

图 3-14　企业账号开通巨量星图任务的要求

图 3-15　企业账号入驻和登录巨量星图平台的方法

3.2.3　明星账号入驻巨量星图

因为抖音平台的用户众多，所以，很多明星为了增强自身的影响力也入驻了抖音平台。其实，明星账号也可以通过入驻巨量星图平台，接受相关任务来获得收益。图 3-16 所示为明星账号入驻巨量星图平台的要求。

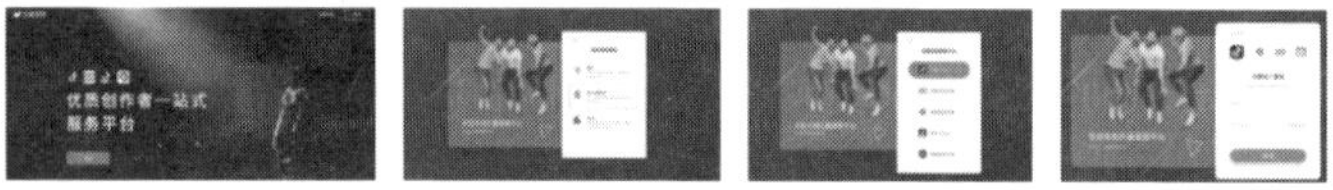

图 3-16　明星账号入驻巨量星图平台的要求

和普通账号、企业账号相同，明星账号要想通过接受巨量星图平台的任务来获得收益，需要先开通对应的任务功能。图 3-17 所示为明星账号开通巨量星图任务的要求。

图 3-17　明星账号开通巨量星图任务的要求

那么，明星账号达到入驻要求后，如何入驻并登录巨量星图平台呢？图 3-18 所示为明星账号入驻和登录巨量星图平台的方法。

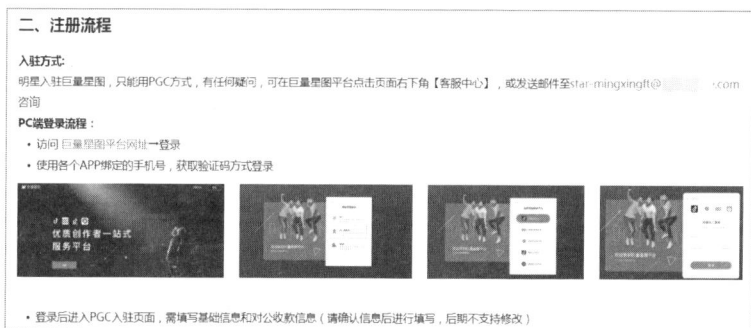

图 3-18　明星账号入驻和登录巨量星图平台的方法

3.2.4　抖音达人签约与解约 MCN

运营者（抖音达人）可通过巨量星图平台与 MCN（Multi-Channel Network，多频道网络）机构签约和解约，借助 MCN 模式（在资本的支持下，持续输出专业内容，从而获得稳定的收益）获得更好的发展。下面讲解运营者与机构签约和解约的方法。

1. 签约

如果机构想要与抖音达人合作，便会在巨量星图账号中发起邀请，抖音达人只需接受邀请即可成为对应机构的签约抖音达人。图 3-19 所示为巨量星图平台中展示的签约说明。没有签约经验的抖音达人，可以根据签约说明进行操作，通过巨量星图平台快速完成签约。

图 3-19　巨量星图平台中展示的签约说明

2. 解约

如果抖音达人不想与机构合作了，也可以通过巨量星图平台进行解约。抖音达人和机构都可以发起解约结束合作，下面介绍抖音达人和机构发起解约的方法。

有的抖音达人第一次与机构签约，还未进行过解约操作，可能还不知道如何进行解约操作。对此，巨量星图平台对达人发起解约的方法进行了展示，如图 3-20 所示，不知道如何做的达人可以根据展示的方法进行操作。

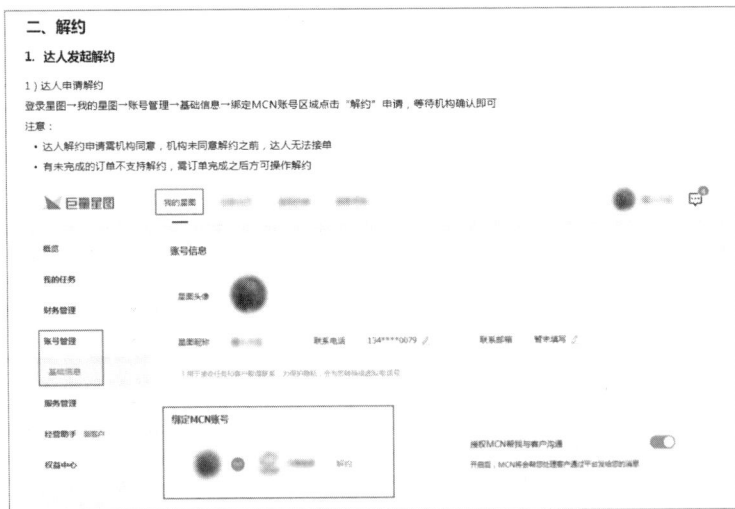

图 3-20　达人发起解约的方法

当然，抖音达人发起解约后，还需要机构确认，才能完成解约。图 3-21 所示为机构确认解约的方法。

图 3-21　机构确认解约的方法

　　除了达人之外，机构也可以主动发起解约。图 3-22 所示为机构发起解约的方法。当然，解约需要双方都同意，也就是说，机构发起解约后，需要达人确认解约，才能完成解约。

图 3-22　机构发起解约的方法

3.3　巨量星图的入门操作

　　在使用巨量星图的过程中，运营者需要通过一些操作才能达到自己的目的。本节讲解巨量星图的一些入门操作，让新入驻该平台的运营者明白相关的操作方法。

3.3.1　登录和开通接单权限

通常来说，只要抖音号满足要求，即可通过一些简单的操作登录巨量星图平台，完成入驻。当然，巨量星图平台中登录账号和接单是分开的，仅仅登录账号无法接任务。

有的运营者刚入驻巨量星图平台不久，可能不知道如何开通接单权限。对此，巨量星图平台中对需要进行的操作进行了说明，还对开通接单权限的注意事项进行了说明，如图 3-23 所示。

图 3-23　达人登录并开通接单权限的步骤和注意事项

3.3.2　任务权限开通与关闭

在 3.3.1 节中介绍了开通接单权限需要绑定媒体账号、申请开通任务和完善报价等信息，其中绑定媒体账号和完善报价等信息的操作比较简单，运营者只需根据系统提示进行简单的操作即可。而对于如何开通申请任务，有的运营者可能还不知道如何进行操作。

对此，巨量星图平台专门对任务权限开通与关闭的操作进行了说明，其中提到了申请开通任务的操作，如图 3-24 所示。运营者可以根据该说明进行开通任务权限，或者开启与暂停接单的相关操作。

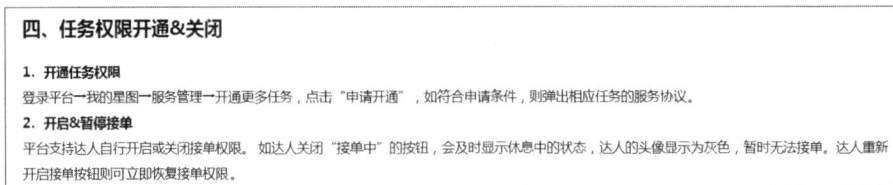

图 3-24　任务权限开通与关闭的操作说明

另外，如果抖音达人的粉丝数超过 10 万时，单击巨量星图平台中"我的星图"页面中的"服务管理"按钮和"抖音服务管理"按钮，向右滑动"在抖音个人主页展示合作链接"前面的图标，即可在抖音号主页中为有需求的商家提供一个合作沟通渠道。

具体来说，当抖音达人开启"在抖音个人主页展示合作链接"之后，抖音号主页会出现"找我官方合作"链接，如图 3-25 所示。商家点击该链接，进入"找达人上星图"界面，如图 3-26 所示。如果商家要找抖音达人合作，可以点击界面中的"点击查询价格"按钮，查看达人接任务的价格。

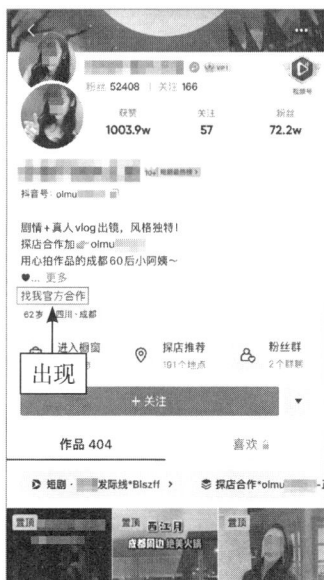

图 3-25 出现"找我官方合作"链接

图 3-26 "找达人上星图"界面

3.3.3 任务的报价设置

运营者可以自行对任务的报价进行设置来保障自身的任务收益。当然，任务报价的设置有一定的规则，而且在设置报价时还有一些注意事项。图 3-27 所示为报价设置的相关说明。

那么，运营者具体要在哪里设置任务报价呢？对此，巨量星图平台中展示了任务报价的路径，如图 3-28 所示。运营者只需沿着该路径进行操作，即可完成任务报价的设置。

图 3-27　报价设置的相关说明

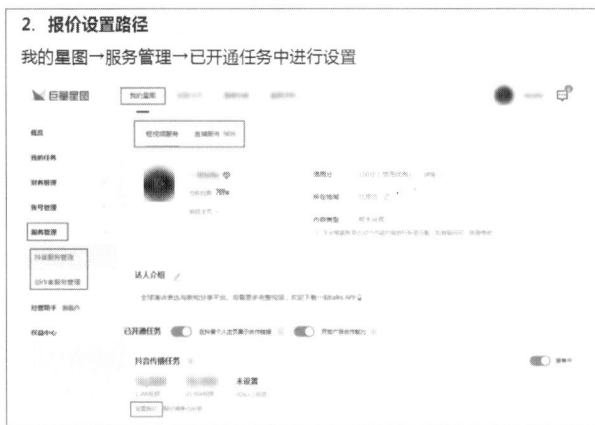

图 3-28　任务报价的设置路径

3.4　查看收益和提现

通过接任务获得收益后，运营者即可在巨量星图平台中查看收益和提现。本节讲解查看收益和提现的基础知识，让没有提现经验的运营者也能快速掌握相关技巧。

3.4.1　查看收益

运营者可通过一定的操作进入"交易记录"页面查看"任务总金额""累计提现金额""可提现金额""任务结算记录"和"提现记录"，还可以点击"提现"按钮，将收益汇入自己的支付宝或银行卡账号中。图 3-29 所示为巨量星图平台中查看收益的相关说明。

专家提醒：如果运营者没有可提现的金额，那么"交易记录"界面中的"提现"按钮不会被点亮，此时无法进行提现操作。

一、查看收益

达人鼠标移到页面右上角的头像位置，点击【交易记录】查看财务信息并操作提现

- 任务总金额：已接单的任务金额（包括进行中的任务）
- 累计提现金额：已提现的任务金额
- 可提现金额：可提现的任务金额
- 任务结算记录：展示任务结算金额明细
- 提现记录：可查询以往提现记录明细

图 3-29　查看收益的相关说明

3.4.2　提现设置

除了查看收益和提现外，运营者还可以对提现的相关信息进行设置。图 3-30 所示为巨量星图平台中关于提现设置的相关说明。

二、提现设置

达人初次提现，需绑定提现信息，鼠标移到页面右上角的头像位置，点击【提现设置】可以设置

操作流程

1. 绑定手机号：绑定手机号后续进行提现操作，会向该手机号发送验证码，为了保障您的账户安全，请绑定您个人手机号
2. 个人实名认证：实名认证需与提现账号实名认证人保持一致，否则提现无法到账，目前绑定后不支持修改，请谨慎设置
3. 绑定提现账号：支持绑定个人支付宝和银行卡账号，打开支付宝>我的>上面显示的账号，在平台输入绑定，如果输入错误，会导致提现无法到账等情况，请仔细填写，支持后续自行修改

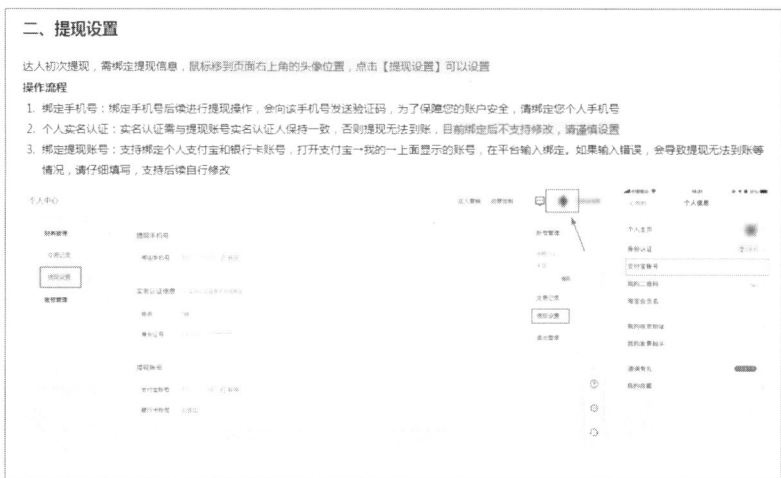

图 3-30　提现设置的相关说明

专家提醒：在巨量星图平台中，"实名认证信息"不支持修改。对此，运营者只需填写自己的真实信息即可。

3.4.3　升级工作室

当巨量星图的年累计提现超额时，运营者需要升级工作室，才能正常进行提现。一般情况下，工作室升级只有在工作日才会受理，而且整个升级工作需要三个工作日才能完成。

具体来说，当运营者用手机在星图任务中提现时，如果年累计提现超额，会出现"工作室升级"界面，此时运营者可以点击界面中的"升级工作室"按钮，如图 3-31 所示。在弹出的界面中查看工作室升级的相关信息，如图 3-32 所示。

图 3-31　点击"升级工作室"按钮　　图 3-32　查看工作室升级的相关信息

3.4.4　提现常见问题

在提现过程中抖音达人可能会遇到一些问题，下面对一些提现过程中的常见问题进行解答，帮助抖音达人顺利提现。

1. 提现显示"余额不足"或提现未到账

如果任务奖励还没有分配到抖音达人的账号中，会出现提现失败显示"余额不足"的情况，此时抖音达人可以等待 1 ～ 3 个工作日后再尝试提现。

如果提现未到账，但是显示的可提现金额减少了，可能是因为仍处在提现周期，抖音达人耐心等待即可。如果在发起的 72 小时后提现依然没有到账，抖音达人可以联系巨量星图平台的客服进行处理。

2. 提现手续费

巨量星图平台只会对未签约 MCN 机构的达人收取 5% 的服务费。例如，抖音达人的报价是 1 000 元，任务正常完成后平台会收取 50 元的服务费，抖音达人的可提现金额是 950 元。

3. 抖音达人任务金额的结算方式

巨量星图平台根据抖音达人接单时的状态对任务进行结算。如果接单时抖音达人没有签约 MCN 机构，那么，收益到账后抖音达人可以自行提现；如果接单时抖音达人已经与 MCN 机构签约，即便任务完成后抖音达人和机构解约了，结算时平台都只会和 MCN 机构进行结算，抖音达人无法自行提现，需要和机构沟通结算问题。

4. 抖音达人移动端提示有"冻结金额"

如果移动端提示有"冻结金额"，可能是因为抖音达人参与了"繁星计划"。为了方便结算，巨量星图平台会将抖音达人当月繁星计划的收入进行冻结，等到次月才能进行提现。

> 专家提醒：繁星计划是由巨量星图平台发起，为达人提供平台培训、站内曝光等一系列权益的扶持项目。关于繁星计划的具体信息，将在 5.3.3 节中进行介绍，这里就不再赘述。

3.5 了解巨量星图平台对公结算规则

巨量星图平台根据账号类型制定了具体的对公结算规则，运营者可以了解一下自身账号对应的对公结算规则。本节介绍企业账号和明星账号的对公结算规则。

3.5.1　企业账号对公结算

巨量星图平台中展示了企业账号对公结算的规则，包括结算形式、周期和结算要满足的条件，如图 3-33 所示。运营者可以查看具体详情，了解企业账号对公结算的相关信息。

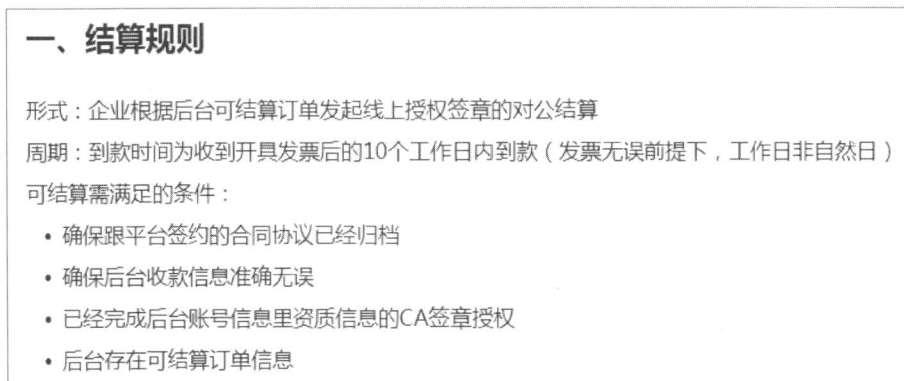

一、结算规则

形式：企业根据后台可结算订单发起线上授权签章的对公结算

周期：到款时间为收到开具发票后的10个工作日内到款（发票无误前提下，工作日非自然日）

可结算需满足的条件：

- 确保跟平台签约的合同协议已经归档
- 确保后台收款信息准确无误
- 已经完成后台账号信息里资质信息的CA签章授权
- 后台存在可结算订单信息

图 3-33　企业账号对公结算规则

3.5.2　明星账号对公结算

明星账号也可以进行对公结算，其结算规则与企业账号基本相同，只是进行结算的主体有差异（一个是明星，一个是企业）。具体来说，明星账号对公结算规则的内容，可以参照图 3-33。

第 **4** 章

承接任务：
智能、便捷、高
效的达人匹配

在承接巨量星图任务时，运营者可通过智能、便
捷和高效的匹配，找到合适的合作对象。本章将讲解
承接任务中的相关技巧，帮助运营者做好任务的承接
工作，找到更多合适的客户。

4.1　平台支持的抖音任务类型

巨量星图中的任务类型比较多，运营者可以选择适合自己的任务参加。本节重点介绍巨量星图平台中常见的几种任务类型，帮助大家快速掌握这些任务的参与方法。

4.1.1　抖音传播任务

抖音传播任务就是运营者自行报价，然后商家选择合适的运营者进行合作的一种任务模式。达成合作后，运营者需要发布视频帮助商家进行商品宣传，完成相关任务。下面讲解抖音传播任务的完成步骤。

1. 接收任务

运营者可通过一些简单的操作接收抖音传播任务，具体操作步骤如下。

步骤 01　登录巨量星图平台，❶依次单击"我的星图"按钮和"我的任务"按钮，进入"我的任务"页面；❷单击该页面中对应任务后面的"去接收"按钮，如图 4-1 所示。

图 4-1　单击"去接收"按钮

步骤 02　进入"任务详情"页面，❶单击对应任务后面的"接收任务"按钮，弹出"接收任务"面板；❷单击该面板中的"确定"按钮，如图 4-2 所示。

步骤 03　即可接收该任务。

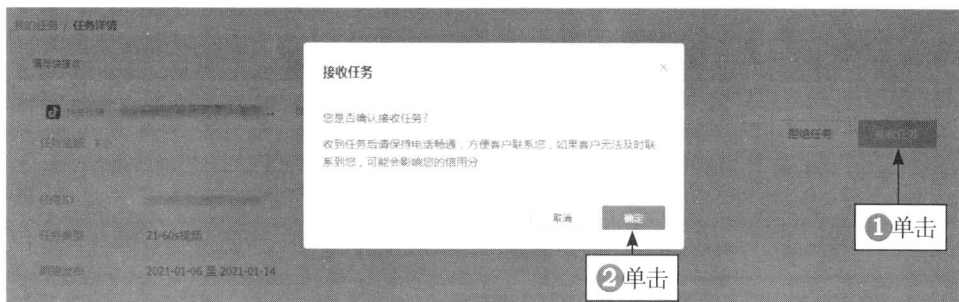

图 4-2 单击"确定"按钮

2. 制作脚本

接收任务后，运营者可以根据任务来制作脚本。具体来说，接收任务后，运营者进入"任务详情"页面，即可看到"制作脚本"板块，单击该板块中的"上传脚本"按钮，如图 4-3 所示。

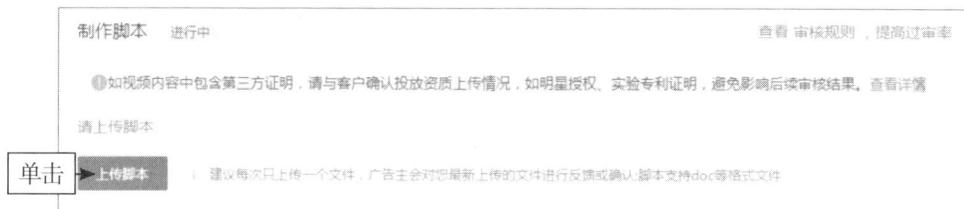

图 4-3 单击"上传脚本"按钮

执行操作后，运营者只需根据系统提示进行操作，即可上传脚本。将制作的脚本上传后，运营者可以单击"任务详情"页面中脚本右侧的空白位置，在弹出的面板中查看审核结果，如图 4-4 所示。如果该面板中显示"审核通过"，说明制作的脚本符合平台要求。

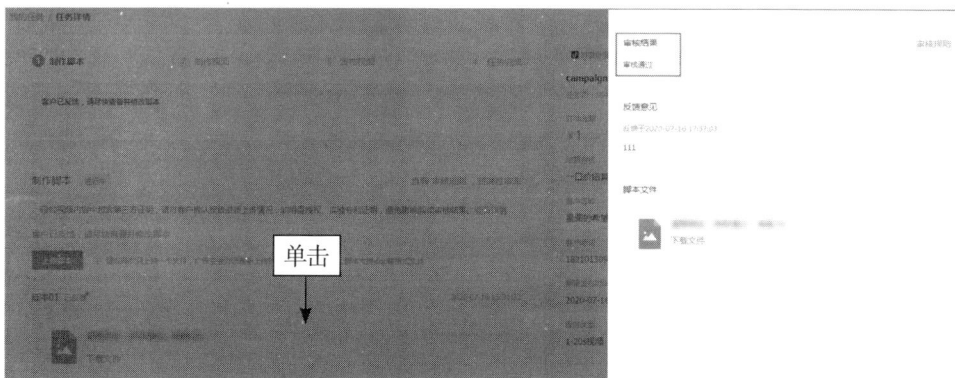

图 4-4 查看审核结果

3. 上传视频

脚本制作完成后，接下来要做的就是上传视频。下面介绍上传视频的具体操作步骤。

步骤 01　进入巨量星图平台中的"任务详情"页面，单击"制作视频"面板中的"上传视频"按钮，如图4-5所示。

图 4-5　单击"上传视频"按钮

步骤 02　登录抖音创作服务平台，❶单击"发布视频"按钮；❷单击右侧空白区域或将视频拖进该区域，即可上传视频，如图4-6所示。

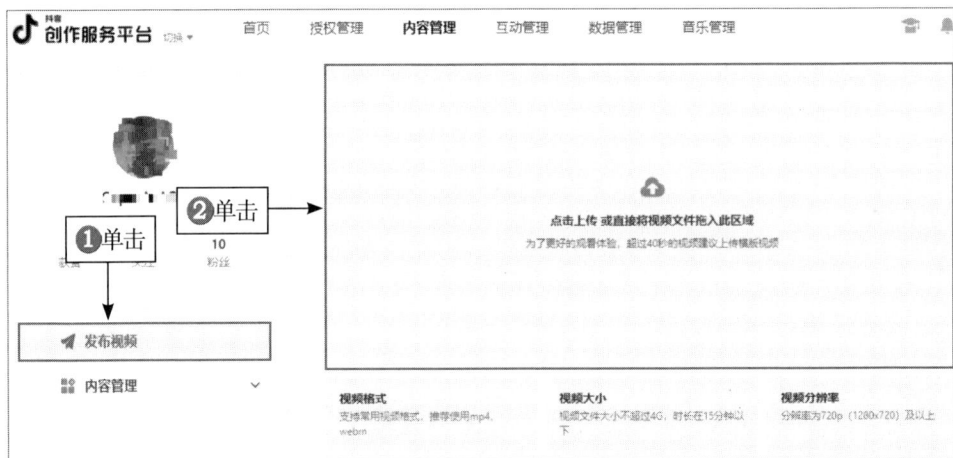

图 4-6　单击空白区域

上传视频后，运营者可以在"任务详情"页面中查看视频审核结果。图4-7所示为查看视频审核结果的相关说明。

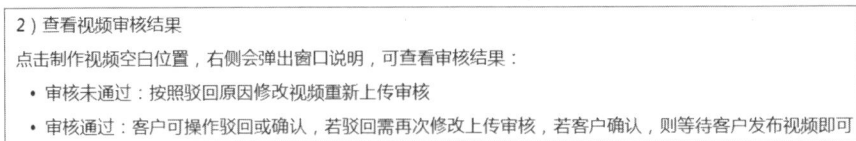

图 4-7　查看视频审核结果的相关说明

4．视频发布

上传的视频通过审核后，客户可通过操作来进行发布。图 4-8 所示为视频发布的相关说明。

图 4-8　视频发布的相关说明

5．任务完成

视频发布后，只需等待客户和系统验收，即可完成任务。图 4-9 所示为任务完成的相关说明。

图 4-9　任务完成的相关说明

4.1.2　抖音直播任务

抖音直播任务就是运营者自行报价，然后商家选择合适的运营者进行直播合作的一种任务模式。接到任务的运营者需要通过直播来帮助商家宣传商品，提高商品的销量。抖音直播任务主要有两种任务模式，图 4-10 所示为这两种抖音直播任务的相关说明。

为了更好的满足主播的直播变现需求，星图直播任务分为「直播品牌推广」和「直播电商带货」两种任务类型，其中「品牌推广任务」支持按小时和按天的"专场"直播形式（按天形式不支持补播）；「电商带货任务」支持"专场"和"拼场"两种直播形式，不同任务类型的区别如下：

任务模式	结算方式	付费规则	可直播次数	是否可以申请补播
直播品牌推广 （对应偏品宣传类的直播合作，不需要加购物车）	一口价	按直播小时数结算	1次 开播有五分钟的测试机会	是，平台审核通过可补播1次
		按天进行结算	没有限制	否
直播电商带货 （对应偏电商带货类的直播合作，要求必须挂购物车商品）	专场 （整场直播为一个特定的客户/品牌进行直播）	按直播小时数结算	1次 开播有五分钟的测试机会	否
	拼场 （指整场直播为多个不同的客户/品牌进行直播）	按商品坑位数量结算	1次 开播有五分钟的测试机会	否

注意：如果主播目前已经开通星图直播任务，将默认开通"直播推广任务"的专场合作模式，若需开通"拼场"合作模式可前往服务管理中设置报价，也可进一步开通"直播带货任务"

图 4-10　两种抖音直播任务的相关说明

那么，运营者要如何完成抖音直播任务呢？下面讲解完成抖音直播任务的具体流程。

1. 接收任务

抖音直播任务的接收方法和抖音传播任务的接收方法大体相同，这里就不再赘述。巨量星图平台中对接收抖音直播任务的相关信息进行说明，如图 4-11 所示。

1. 接收任务
- 我的星图→我的任务→ "去接收" 页面跳转到任务详情页中接收任务（**需在页面规定时间内接收，超时未接收订单自动失效**）
- 直播品牌推广任务按天付费合作订单，平台不限制主播的开播次数和组件的展示时长，但是**限制主播只能当天开播**，超过客户指定的开播时间开播入口置灰，也不支持后续绑定直播间；若无法按照客户需求日期开播，建议在开播前与客户沟通修改开播日期
注意：接单后，如主播未履约或遭到投诉，经平台核定后，将视情节严重程度扣除主播星图账号信用分并给予相应处罚；如客户中途取消任务，则需根据任务进度，向主播支付一定的赔偿金额

图 4-11　接收抖音直播任务的相关说明

2. 制作脚本

抖音直播任务的脚本制作的操作方法与抖音传播任务相似，只是这里要制作的是直播脚本。当然，运营者将制作的脚本上传后，同样也是需要查看审核结果的，只有通过审核，才能进入下一步。

3. 开始直播

脚本审核通过后，运营者即可开始进行直播。具体来说，运营者可通过如下操作，开始抖音直播任务的直播。

步骤 01 进入巨量星图平台中的"任务详情"页面，单击"开始直播"面板中的"去直播"按钮，如图4-12所示。

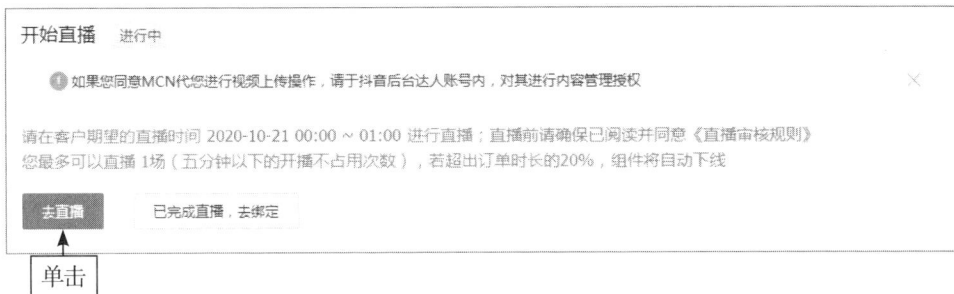

图4-12 单击"去直播"按钮

步骤 02 弹出"开始直播"面板，如图4-13所示。进入抖音App的搜索界面，扫描该面板中的二维码。

图4-13 "开始直播"面板

步骤 03 进入"开直播"界面。运营者只需根据自身需求，设置相关信息，开启直播即可。

4. 等待验收

完成直播后，运营者就可以等待客户的验收了。当然，如果运营者此时进入巨量星图平台的"任务详情"页面，会看到页面中显示的"您已完成直播，请等待客户确认并验收"。另外，在等待验收的过程中，也有一些注意事项。图4-14所示为巨量星图平台中展示的等待验收的相关说明。

5. 任务完成

验收完成后，运营者即可完成任务，获得收益，有需要的运营者还可以单击巨量星图平台"任务详情"页面中的"营销数据"按钮，查看相关直播数据。图4-15所示为巨量星图平台中关于任务完成的相关说明。

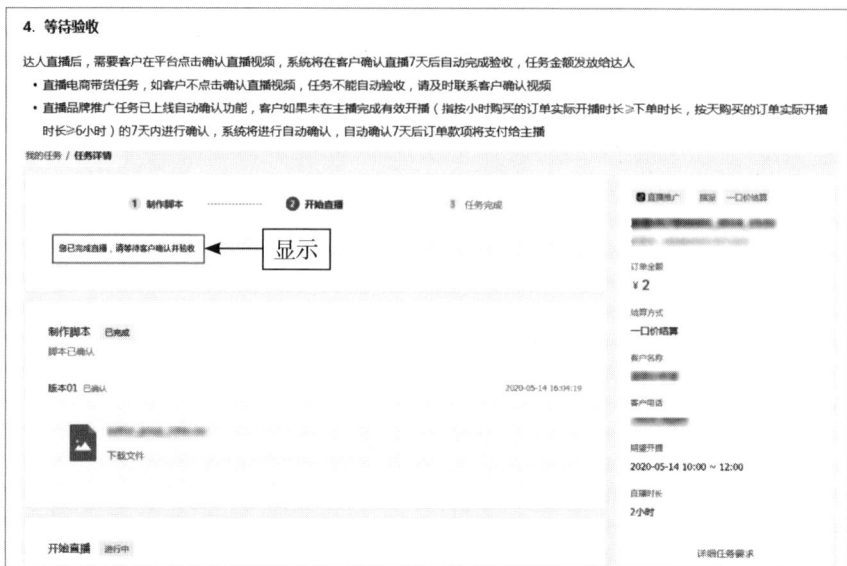

图 4-14　等待验收的相关说明

图 4-15　任务完成的相关说明

4.1.3　抖音短视频投稿任务

抖音短视频任务是一种一对多的任务模式，该任务模式由商家发布任务，多位运营者共同参与。等任务结束后，商家会根据任务要求和规则公布获奖结果，将奖励结算给对应参与投稿任务的运营者。具体来说，运营者可通过如下步骤，完成抖音短视频投稿任务。

1. 查看任务

运营者可通过如下步骤，在巨量星图平台中查看投稿任务的相关信息。

步骤　01　进入巨量星图平台的默认页面，❶依次单击"任务大厅"按钮和"我可投稿"按钮，进入"我可投稿"页面；❷单击该页面中对应任务后面的"参与投稿"按钮，如图 4-16 所示。

图 4-16 单击"参与投稿"按钮

步骤 02 进入"任务详情"页面，查看该投稿任务的相关信息，如图 4-17所示。

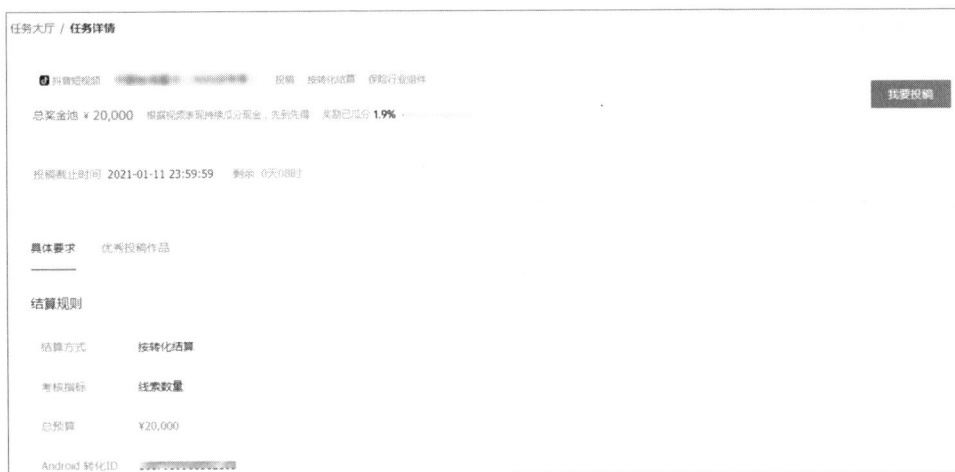

图 4-17 "任务详情"页面

2. 接收任务

如果运营者对某个投稿任务感兴趣，可通过如下步骤接收任务。

步骤 01 进入图 4-17 所示的"任务详情"页面，单击"我要投稿"按钮。

步骤 02 在弹出的"接收任务"面板中，单击"确定"按钮，如图 4-18 所示。

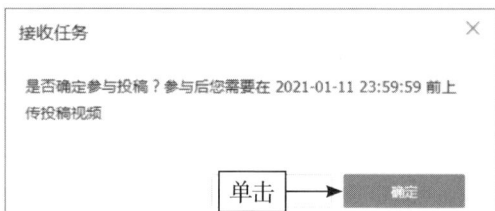

图 4-18　单击“确定”按钮

步骤 03　进入“达人投稿”页面，如果该页面中显示“参与投稿进行中”，说明接收任务成功了，如图 4-19 所示。

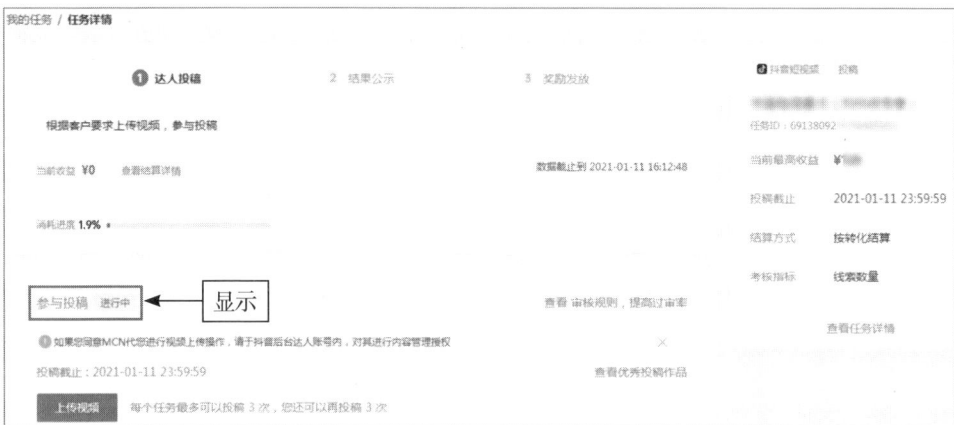

图 4-19　显示“参与投稿进行中”

3. 参与任务

接收任务成功后，运营者可通过投稿来参与任务。具体来说，运营者可以单击图 4-19 中的“上传视频”按钮，进入抖音创作服务平台发布投稿视频。投稿后，运营者还需要查看审核结果，因为只有通过审核的视频才能获得奖励。图 4-20 所示为查看视频审核结果的相关说明。

2）查看视频审核结果

点击空白位置，右侧会弹出窗口说明，可查看审核结果：

- 审核通过：视频会进入到数据计算和瓜分奖励期间，页面会显示详细的数据和奖励
- 审核未通过：
  - 内容审核不通过：关于视频内容的审核驳回问题，按照驳回原因修改视频重新上传审核
  - 任务要求相关性审核不通过：关于相关性审核驳回问题，按照客户的硬性要求修改视频重新上传审核
  - 安全审核不通过：安全审核就是指审核底线安全类，可针对消息通知驳回原因进行修改

图 4-20　查看视频审核结果的相关说明

4. 结果公示

任务结束后会进行结果公示。如果运营者的投稿内容判定为获奖，即可获

得一定的收益。另外，考虑到部分运营者可能对结果公示的相关内容不太了解，巨量星图平台中会对结果公示的相关信息进行说明，如图 4-21 所示。

4. 结果公示
- 平台根据两个条件进行投稿终止判定：投稿日期截止或客户预算消耗完毕，若未到截止日期，但预算消耗完，此任务也将终止
- 投稿终止后，客户确认获奖达人后会进入公示阶段，获奖达人作品将公示三天（如页面显示其他日期，以页面显示为准），公示结束后，且无异议，奖励将按计划下发至达人账号
- 任务终止之后，达人可在我的任务—任务详情查看奖励发放情况

图 4-21　结果公示的相关说明

4.1.4　抖音直播投稿任务

抖音直播投稿任务的模式和短视频投稿任务基本相同，运营者需要通过发布直播来参与任务。抖音直播投稿任务有两种结算方式，如图 4-22 所示。在参与任务前，运营者可以先看一下该任务采用哪种结算方式。

结算方式	考核标准	公示期	奖励发放时间	可直播次数
按转化结算	按激活总数	3天	公示期结束后，固定周四结算（如页面显示其他日期，以页面显示为准）	3次
	按组件展示量			
	按组件点击量			
	按线索数量			
	安装完成数量			
按销售量结算	销售量			

图 4-22　抖音直播投稿任务的结算方式

那么，运营者要如何参与并完成抖音直播投稿任务呢？下面介绍具体的流程。

1. 查看任务

抖音直播投稿任务与抖音短视频投稿的查看方法基本相同，只是查看的任务对象有一些差异。运营者可以参考 4.1.3 节的方法，查看直播投稿任务的相关信息。

2. 参与任务

找到合适的抖音直播投稿任务后，运营者可通过一定的操作参与任务，具体操作步骤如下。

步骤 01　进入"任务详情"页面，单击"我要投稿"按钮，在弹出的"接收任务"面板中，单击"确定"按钮，如图 4-23 所示。

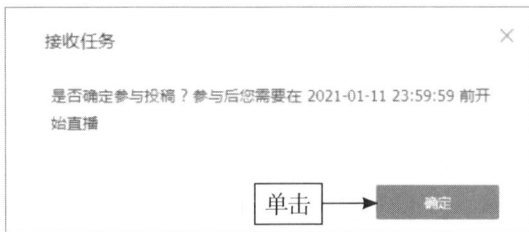

图 4-23 “接收任务”面板

步骤 02 在“任务详情”页面中查看对应抖音直播投稿任务的相关信息，如图 4-24 所示。

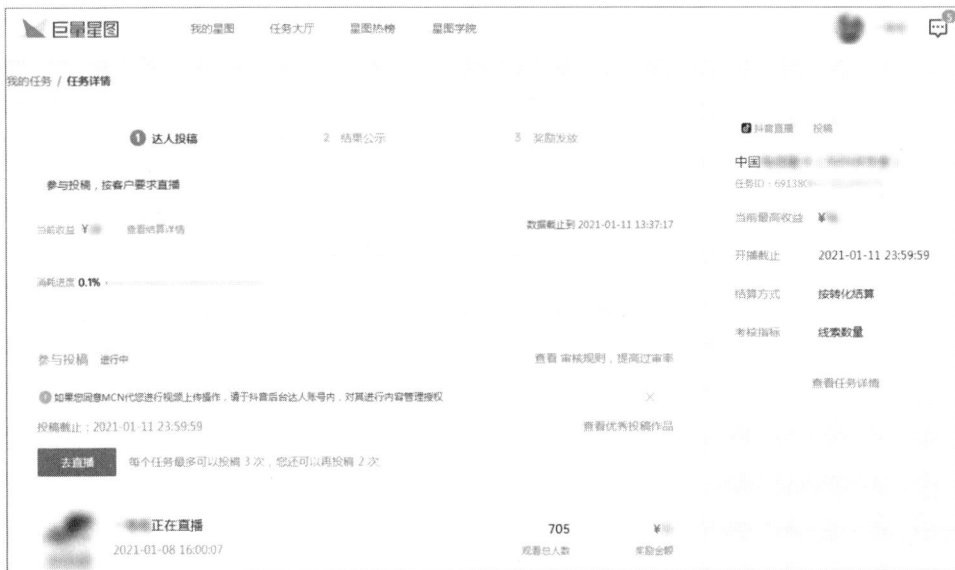

图 4-24 查看抖音直播投稿任务的相关信息

3. 开始直播

如果运营者确定要投稿某个抖音直播任务，即可参照 4.1.2 节的方法，通过直播参与任务。在开始抖音投稿任务的直播时，还有一些需要注意的事项，如图 4-25 所示。

注意：开始直播必须“选择星图任务”进行关联，若开播截止日期前，客户预算消耗完，则无法进入“开始直播”入口，开播需遵循抖音直播内容&行为规范

- 达人首场直播完成后（开播时间大于10分钟）才能看到流程节点，进入“参与投稿”状态
- 若同一达人直播次数超过3次或客户预算消耗瓜分完时，“开始直播”按钮置灰，将无法开播
- 当前收益：查看已经获得的收益，可点击查看结算详情
- 消耗进度：该任务当前总消耗
- 奖励金额：等于（展示/点击/激活/线索/安装/销售总数*单价）

图 4-25 开始抖音投稿任务直播的注意事项

4．结果公示

任务结束后，运营者可以查看结果公示，判断自己是否获得奖励。另外，关于结果公示也有一些需要注意的事项。对此，巨量星图平台中通过结果公示进行说明，如图4-26所示。

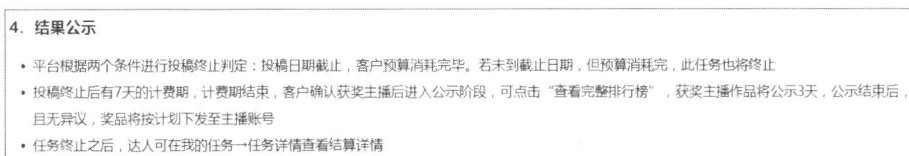

> **4. 结果公示**
>
> • 平台根据两个条件进行投稿终止判定：投稿日期截止，客户预算消耗完毕。若未到截止日期，但预算消耗完，此任务也将终止
> • 投稿终止后有7天的计费期，计费期结束，客户确认获奖主播后进入公示阶段，可点击"查看完整排行榜"，获奖主播作品将公示3天，公示结束后，且无异议，奖品将按计划下发至主播账号
> • 任务终止之后，达人可在我的任务→任务详情查看结算详情

图 4-26　结果公示的相关说明

4.1.5　抖音小程序推广任务

抖音小程序推广任务，就是"小程序推广计划"板块中的任务。运营者只需接收任务，并上传对应的视频即可获得收益。具体来说，运营者可通过如下操作接收和完成抖音小程序推广任务。

步骤 01　进入抖音App的搜索界面，❶在该界面的搜索框中输入"小程序推广计划"；❷点击"搜索"按钮，如图4-27所示。

步骤 02　点击"小程序推广计划"后面的"进入"按钮，如图4-28所示。

图 4-27　点击"搜索"按钮

图 4-28　点击"进入"按钮

步骤 03 进入"小程序推广计划"界面，点击对应任务所在的位置，如图 4-29 所示。

步骤 04 进入任务介绍界面，运营者可通过该界面了解任务的相关信息，如图 4-30 所示。

图 4-29 点击对应任务所在的位置　　图 4-30 任务介绍界面

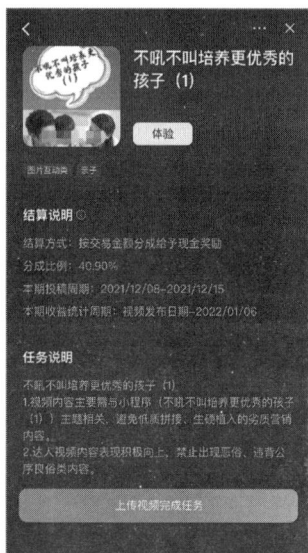

步骤 05 根据任务介绍界面中的"任务说明"制作视频，视频制作完成后，点击任务介绍界面中的"上传视频完成任务"按钮，上传制作好的视频。

步骤 06 只需等到任务结束，运营者即可获得一定的收益。

4.2　平台任务的相关操作

在参与巨量星图平台任务的过程中，运营者和商家需要进行一些操作。本节介绍其中比较常见的任务操作方法，让刚入驻巨量星图平台的运营者和商家也能熟练掌握操作技巧。

4.2.1　直播购物车添加方法

参与抖音直播任务时，运营者需要在直播中添加购物车。对此，运营者在开播前先做好相关准备，如图 4-31 所示。准备做完后，运营者可通过如下步骤添加直播购物车销售商品。

步骤 01　登录抖音短视频 App，点击"首页"界面中的 [+] 图标，如图 4-32 所示。

步骤 02　进入"快拍"界面，点击"开直播"按钮，如图 4-33 所示。

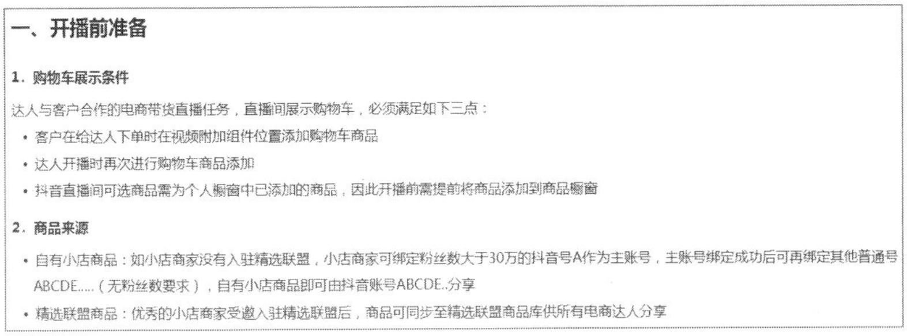

一、开播前准备

1. 购物车展示条件

达人与客户合作的电商带货直播任务，直播间展示购物车，必须满足如下三点：

- 客户在给达人下单时在视频附加组件位置添加购物车商品
- 达人开播时再次进行购物车商品添加
- 抖音直播间可选商品需为个人橱窗中已添加的商品，因此开播前需提前将商品添加到商品橱窗

2. 商品来源

- 自有小店商品：如小店商家没有入驻精选联盟，小店商家可绑定粉丝数大于30万的抖音号A作为主账号，主账号绑定成功后可再绑定其他普通号 ABCDE……（无粉丝数要求），自有小店商品即可由抖音账号ABCDE..分享
- 精选联盟商品：优秀的小店商家受邀入驻精选联盟后，商品可同步至精选联盟商品库供所有电商达人分享

图 4-31　开播前准备

图 4-32　点击 [+] 图标

图 4-33　点击"开直播"按钮

步骤 03　进入"开直播"界面，❶在界面中设置直播标题和封面；❷点击界面中的"商品"按钮，如图 4-34 所示。

步骤 04　进入"添加商品"界面，点击需要添加的商品后面的"添加"按钮，如图 4-35 所示。

步骤 05　显示"商品已添加到购物袋"，如图 4-36 所示。

步骤 06　返回"开直播"界面，如果商品按钮的上方出现已添加的商品数量，说明直播商品添加成功，点击"开始视频直播"按钮，如图 4-37 所示。

步骤 07 进入倒计时界面，如图 4-38 所示。

步骤 08 倒计时结束后，即可进入直播界面，并且直播界面的下方会显示购物车图标，如图 4-39 所示。

图 4-34 点击"商品"按钮

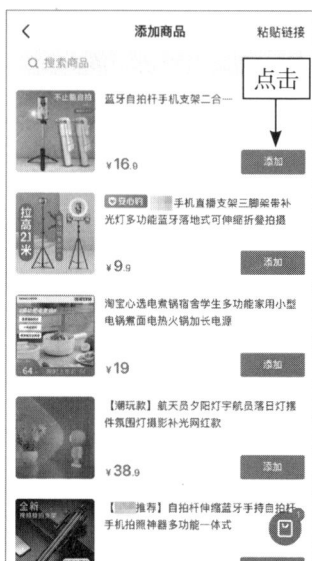

图 4-35 点击"添加"按钮

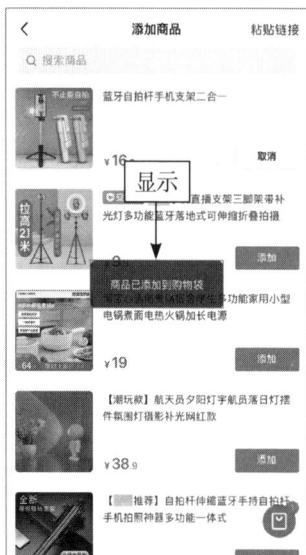

图 4-36 显示"商品已添加到购物袋"

图 4-37 点击"开始视频直播"按钮

步骤 09 点击直播界面中的购物车图标，在弹出的"直播商品"面板中查看购物车中销售的商品，如图 4-40 所示。

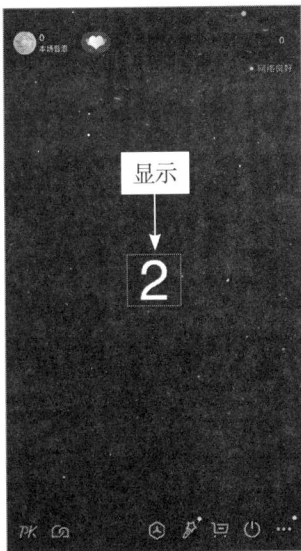

图 4-38　显示倒计时

图 4-39　显示购物车图标

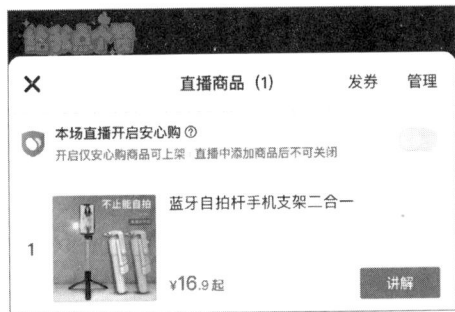

图 4-40　直播间弹出"直播商品"面板

4.2.2　申请直播补播流程

补播可以理解成重新开始进行直播，由于部分运营者对补播的相关内容不太了解，所以，巨量星图平台中对补播的规则、支持场景及所需材料进行说明，如图 4-41 所示。

图 4-41 中提到超过 5 分钟的直播如果要补播，需要向平台申请。那么，运营者要如何发送直播申请呢？下面以 PC 端为例，为大家讲解申请直播补播的具体流程。

步骤 01　依次单击"我的星图"按钮和"我的任务"按钮，进入"我的任务"页面，单击"开始直播"面板中的"申请补播"链接，如图 4-42 所示。

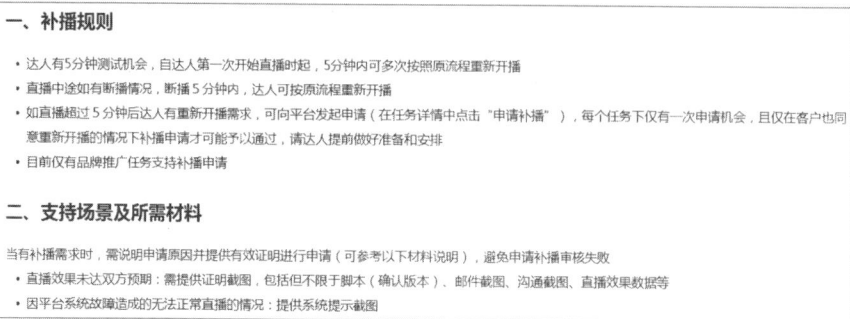

一、补播规则

- 达人有5分钟测试机会，自达人第一次开始直播时起，5分钟内可多次按照原流程重新开播
- 直播中途如有断播情况，断播5分钟内，达人可按原流程重新开播
- 如直播超过5分钟后达人有重新开播需求，可向平台发起申请（在任务详情中点击"申请补播"），每个任务下仅有一次申请机会，且仅在客户也同意重新开播的情况下补播申请才可能予以通过，请达人提前做好准备和安排
- 目前仅有品牌推广任务支持补播申请

二、支持场景及所需材料

当有补播需求时，需说明申请原因并提供有效证明进行申请（可参考以下材料说明），避免申请补播审核失败

- 直播效果未达双方预期：需提供证明截图，包括但不限于脚本（确认版本）、邮件截图、沟通截图、直播效果数据等
- 因平台系统故障造成的无法正常直播的情况：提供系统提示截图

图 4-41　补播的规则、支持场景及所需材料

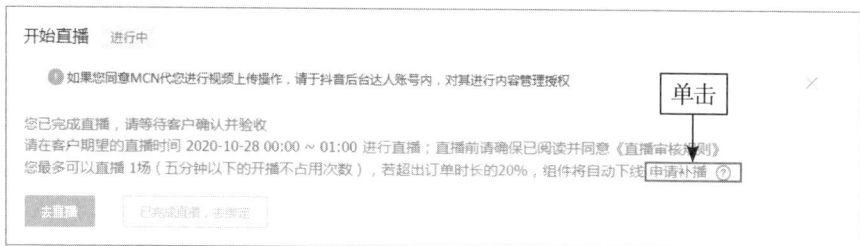

图 4-42　单击"申请补播"链接

步骤　02　弹出"申请补播"面板，❶在面板中填写补播理由和凭证截图；❷点击"确认"按钮，提交补播申请，如图 4-43 所示。

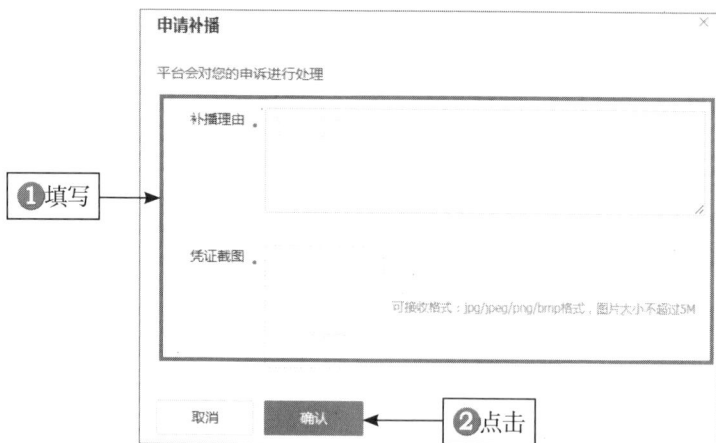

图 4-43　点击"确认"按钮

步骤　03　返回"我的任务"页面，原来"申请补播"的位置会变成"补播申请中"，如图 4-44 所示。

步骤　04　提交审核后，运营者可以在一个工作日之内查看审核结果。如果"我的任务"页面中显示"补播申请成功"，单击"去直播"按钮，进行补播，如

图 4-45 所示；如果"我的任务"页面中显示"补播申请失败"，运营者可以单击"补播申请失败"后方的"查看"链接，查看申请失败的原因，如图 4-46 所示。了解了申请失败的原因后，运营者可以对申请信息进行调整，并再次提交补播申请。

图 4-44 变成"补播申请中"

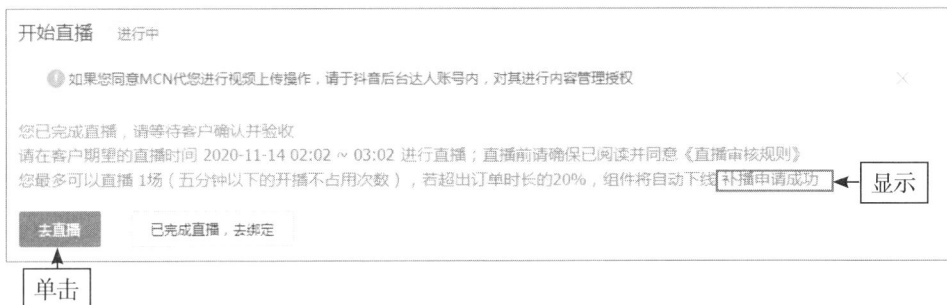

图 4-45 单击"去直播"按钮

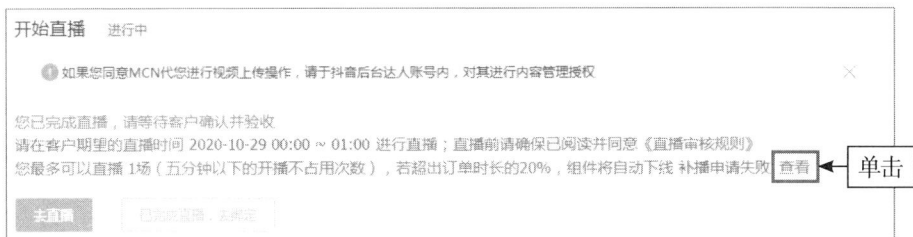

图 4-46 单击"查看"链接

4.2.3 使用直播伴侣挂组件流程

直播伴侣挂组件是直播的辅助工具，运营者可以在完成抖音直播的过程中，使用该工具提升直播效果，实现客户的转化诉求。那么，运营者要如何使用直播伴侣挂组件呢？下面介绍具体的使用流程。

步骤 01 进入抖音 App 的"开直播"界面，❶点击界面上方的"电脑"按钮；❷点击新弹出的界面中的"点击复制"按钮，如图 4-47 所示。

步骤 02 界面中显示"已复制"，如图 4-48 所示。

图 4-47 点击"点击复制"按钮

图 4-48 显示"已复制"

步骤 03 在浏览器中粘贴复制的链接，并按照系统提示下载和安装直播伴侣。安装完成后，在"抖音伴侣"页面中显示直播的平台所在的按钮，这里只需单击"抖音"按钮即可，如图 4-49 所示。

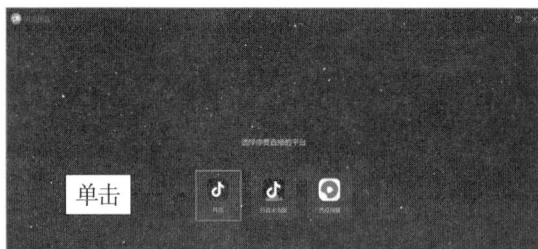

图 4-49 单击"抖音"按钮

步骤 04 进入抖音扫码页面，如图 4-50 所示。运营者可以进入抖音搜索界面，扫描该页面中的二维码。

图 4-50 抖音扫码界面

步骤 05 弹出"星图任务"面板，在该面板中查看直播任务和直播伴侣挂组件的相关信息，如图 4-51 所示。有需要的运营者还可以前往星图中控台对挂组件进行相关操作。

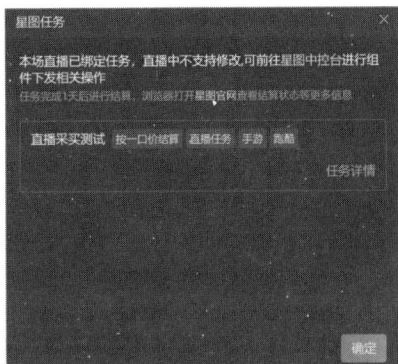

图 4-51 查看直播任务和直播伴侣挂组件的相关信息

4.2.4 取消任务的操作方法

如果运营者不想继续任务或者想要免费帮客户做任务，可以取消任务操作。下面介绍取消任务的操作方法。

步骤 01 进入巨量星图平台的"任务详情"页面，单击"取消任务"按钮，如图 4-52 所示。

图 4-52 单击"取消任务"按钮

步骤 02 弹出"取消任务"面板，❶在该面板中选中对应原因前面的复选框；❷单击"取消任务"按钮，如图4-53所示。

步骤 03 即可取消对应的任务。

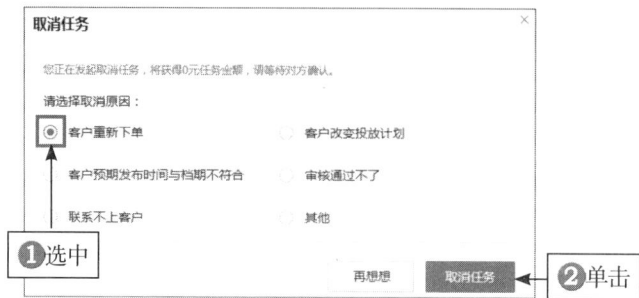

图4-53 单击"取消任务"按钮

4.2.5 任务定金的设置方法

在巨量星图平台中，商家有两种任务结算方式，即全额付款和预付定金。具体来说，运营者和商家可通过如下操作，进行任务定金的设置。

步骤 01 商家登录巨量星图平台，进入"抖音传播任务"页面，❶单击菜单栏中的"明细"按钮；❷选择"预付定金"选项，如图4-54所示。

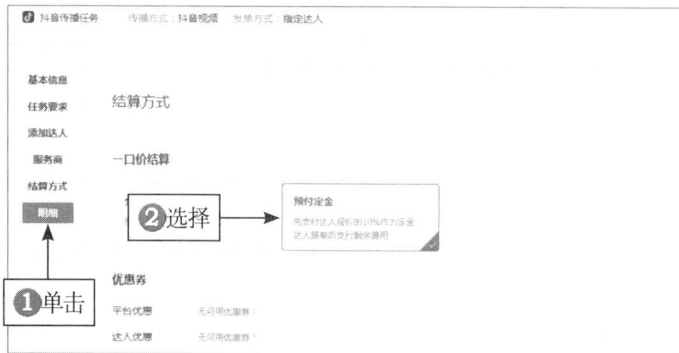

图4-54 选择"预付定金"选项

步骤 02 运营者登录巨量星图平台，进入"任务详情"页面，单击"接收任务"按钮，如图4-55所示。

步骤 03 弹出"修改报价"面板，❶在该面板中输入任务报价；❷单击"确定"按钮，如图4-56所示。

步骤 04 运营者即可完成对报价的修改。报价修改完成后，商家只需先支付定金，等任务结束后再结算尾款。

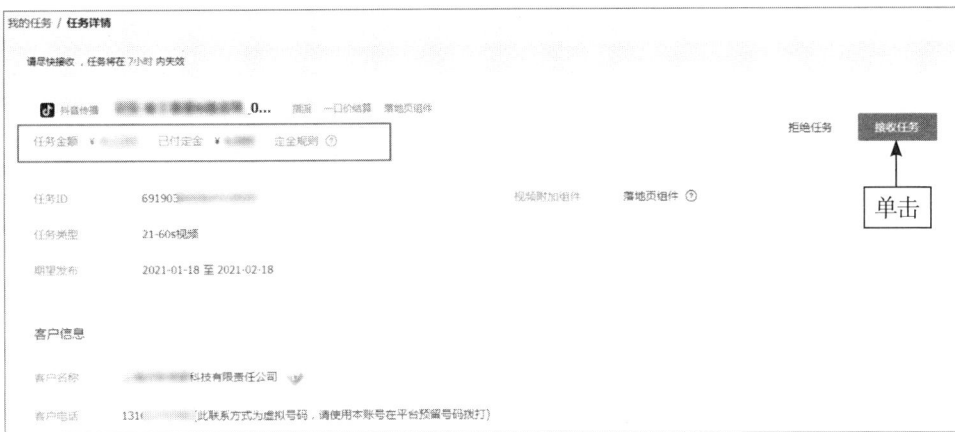

图 4-55　单击"接收任务"按钮

图 4-56　单击"确定"按钮

4.2.6　评价已完成任务的方法

运营者可以对已完成的任务进行评价，具体操作步骤如下。

步骤 01　进入巨量星图平台的"我的任务"页面，单击对应任务所在的区域，如图 4-57 所示。

图 4-57　单击对应任务所在的区域

步骤 02　弹出相关信息页面，单击"立即评价"按钮，如图 4-58 所示。

图 4-58　单击"立即评价"按钮

步骤 03　运营者只需根据系统提示填写对任务的感受，即可完成任务评价。

4.3　星图任务的运营工具

在星图任务进行的过程中，运营者和商家可以使用一些工具为自己的运营进行服务，提高运营的效率和效果。本节重点为大家介绍几种星图任务运营工具的使用方法。

4.3.1　投后数据报告工具

巨量星图平台中的投后数据报告工具是一种内容营销数据监控和效果解读工具，运营者可以借助该工具对传播效果和受众进行分析。下面介绍投后数据报告工具的使用方法。

步骤 01　进入巨量星图平台的"任务详情"页面，❶单击对应任务中的"查看详情"按钮；❷在弹出的下拉面板中单击"投放数据"按钮，如图 4-59 所示。

步骤 02　在弹出的"任务完成"面板中，单击"营销数据"按钮，如图 4-60 所示。

步骤 03　即可查看对应星图任务的投后数据。

具体来说，运营者可以查看多个维度的投后数据，巨量星图平台对这些数据进行了相关说明，如图 4-61 所示。

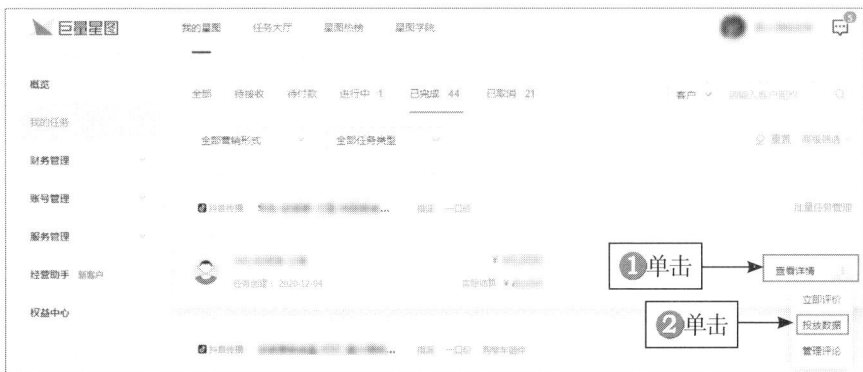

图 4-59　单击"投放数据"按钮

图 4-60　单击"营销数据"按钮

图 4-61　运营者可以查看的投后数据维度

4.3.2　达人经营助手工具

达人经营助手工具是专门为运营者打造的经营工具，能让运营者更好地了解和提升自身的营销能力。具体来说，使用该工具主要有三个优势，如图 4-62 所示。另外，运营者在该工具中可以查看四个方面的数据和信息，如图 4-63 所示。

那么，运营者要如何使用达人经营助手查看相关数据和信息呢？具体来说，运营者进入"我的星图"页面，单击页面左侧菜单栏中的"经营助手"按钮，如

图 4-64 所示。即可使用达人经营助手查看相关数据和信息。

1）经营优化
- 通过上周概览、数据趋势、分析建议等模块，可以更好地了解自身内容营销的经营情况及针对性优化，并通过经营优化以获取更多的变现机会
2）商机拓展
- 从原来的被动等客户下单，到现在通过推荐客户可以主动发起商机拓展，在内容变现过程中掌握了更大的主动权
3）相关案例数据
- 主动给客户打招呼的达人，相比未使用经营助手达人更容易成单

图 4-62 使用达人经营工具的优势

- **上周概览**：汇总展示上个自然周在星图上的经营数据，包括客户侧曝光次数、个人主页的浏览量、被客户加购/收藏的次数、客户下单数等数据，并通过数据的环比变化和排名让您更清晰的了解和判断近期的经营现状
- **数据趋势**：聚合上周概览数据中4个关键经营指标的近期数据变化趋势，以更好的了解经营走向，并辅助判断经营问题，从而进行针对性优化
- **分析建议**：系统通过数据研究给出的经营优化建议，可以作为经营优化的策略参考
- **推荐客户**：系统通过智能分析为创作者推荐客户，包括对创作者感兴趣的客户，或有营销诉求且适合达人的潜在客户，并通过打招呼和发券提供给创作者主动建联推荐客户的通路，从而为创作者找到更多的商业机会

图 4-63 使用达人经营工具可以查看的数据和信息

图 4-64 单击"经营助手"按钮

除了巨量星图之外，运营者还可以在抖音 App 中使用经营助手，具体操作步骤如下。

步骤 01 进入抖音 App 的创作者服务中心界面，点击"全部分类"按钮，如图 4-65 所示。

步骤 02 进入"功能列表"界面，单击"我的星图"按钮，如图 4-66 所示。

步骤 03 进入"任务大厅"界面，点击界面中的"经营助手"按钮，如图 4-67 所示。

步骤 04 进入"经营助手"界面，如图 4-68 所示。运营者可以在该界面中查看并分析星图任务的相关数据。

图 4-65　点击"全部分类"按钮

图 4-66　点击"我的星图"按钮

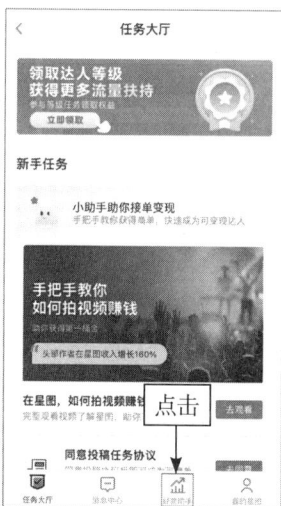

图 4-67　点击"经营助手"按钮

图 4-68　"经营助手"界面

4.3.3　视频附加组件工具

视频附加组件工具是巨量星图平台提供给商家的链接承载工具，商家可以使用该工具在抖音端添加与视频内容相关的链接，满足商家的多种转化场景需求。下面介绍视频附加组件工具的使用方法。

步骤 01　进入巨量星图平台的"我的任务"页面，单击显示了"落地页组件"任务中的"去接收"按钮，如图 4-69 所示。

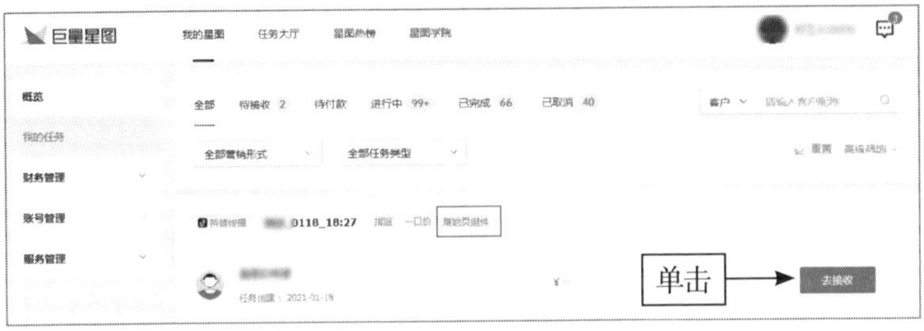

图 4-69 单击"去接收"按钮

步骤 02 即可查看视频附加组件的相关信息，如图 4-70 所示。

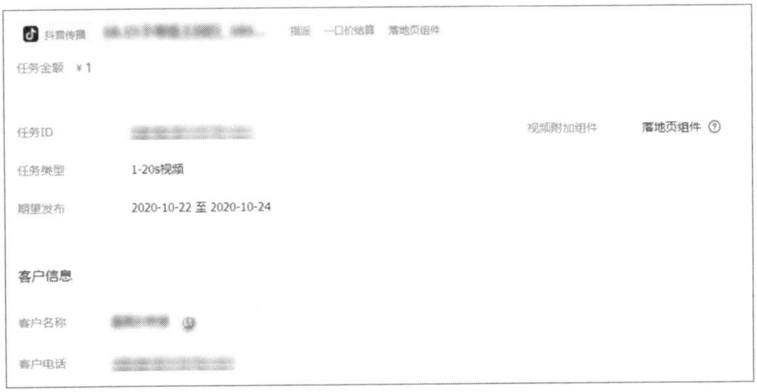

图 4-70 查看视频附加组件的相关信息

步骤 03 向上滑动页面，单击"视频附加组件"后面的"了解更多"按钮，如图 4-71 所示。即可查看视频附加数据的详细信息。

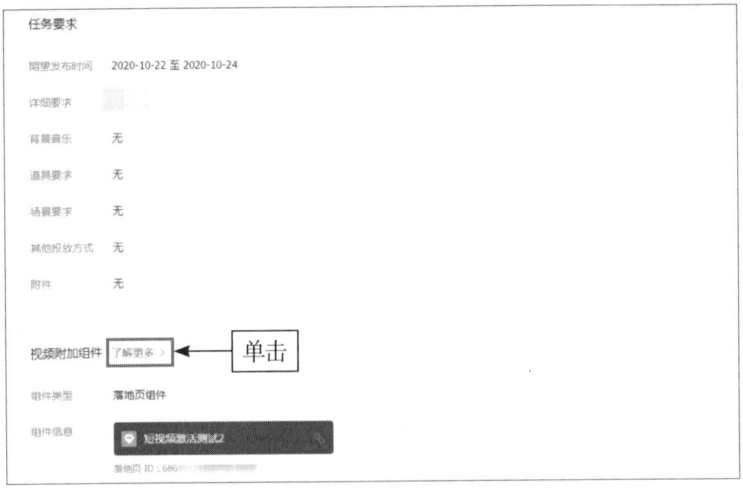

图 4-71 单击"了解更多"按钮

第 **5** 章

任务规范：
持续输出合规的
优质内容

巨量星图平台对于内容和组件都有一定的规范，
运营者需要根据规范持续输出优质内容。这样你的内
容才能获得平台的支持。本章讲解巨量星图任务的相
关规范，让运营者更好地做好内容输出和达人管理。

5.1 巨量星图的内容审核规范

巨量星图平台对内容有一定的审核规范，运营者在完成任务的过程中，发布的内容都需要遵守这些规范。本节介绍巨量星图的一些内容审核规范。

5.1.1 巨量星图的整体限制行业

巨量星图平台的《巨量星图整体限制行业》中，展示了多个行业限制出现的内容。对此，运营者可通过如下操作查看该文档的内容，了解巨量星图平台对相关行业的限制。

步骤 01 进入巨量星图平台的帮助中心的默认页面，在搜索栏中输入"巨量星图整体限制行业"，如图 5-1 所示，按【Enter】键。

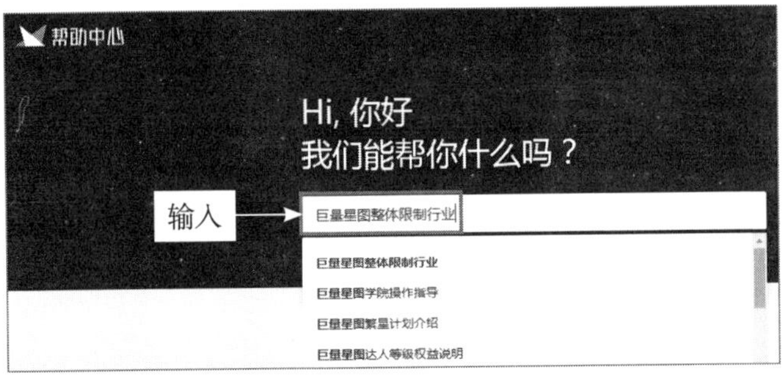

图 5-1 输入"巨量星图整体限制行业"

步骤 02 单击搜索结果中"巨量星图整体限制行业"所在的位置，如图 5-2 所示。

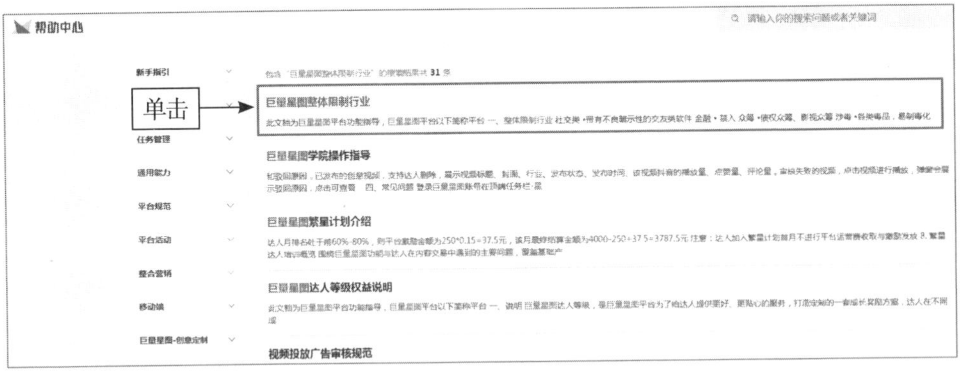

图 5-2 单击搜索结果中"巨量星图整体限制行业"所在的位置

步骤 03 查看"巨量星图整体限制行业"的相关内容，如图 5-3 所示。

图 5-3 "巨量星图整体限制行业"的相关内容

5.1.2 抖音短视频内容制作规范

巨量星图平台中展示的《抖音短视频内容制作规范》对发布到抖音平台的内容做出规范。运营者可以在巨量星图平台的帮助中心中搜索该文档，查看相关内容。具体来说，在查看该文档时，运营者需要特别注意两个方面的信息，一是内容细化场景下需要注意的事项，如图 5-4 所示；二是内容营销行为细化场景下需要注意的事项，如图 5-5 所示。

图 5-4 内容细化场景下需要注意的事项

任务规范：持续输出合规的优质内容

类型	规则
营销类字幕	不得出现促销具体活动内容的字幕： ○ 如详细打折信息、买送信息、满减信息、领券优惠信息等。 ﹨ 例：满几件打七折 • 不得出现引导用户至非推广平台的其他第三方平台的字幕： ○ 出现具体产品的搜索框、以贴片等后期形式植入。
未成年的商业内容	• 未成年人参与拍摄巨量星图视频不可单独出镜，必须要有超过1/2的时间成年人陪同出镜； • 未成年人不能直接涉及推广产品内容； • 未成年人可以使用商业化贴纸，但需符合其他出镜规范： ○ 如未成年人需要同下使用商业化贴纸，未成年人不得单独出境使用商业化贴纸。 • 未成年人（形象）不得参与推广美妆、游戏、酒水、医疗、OTC药品、医疗器械、皮草等高风险行业； • 对于不满十四周岁的未成年人参与拍摄的巨量星图视频，不得含有劝诱家长购买推广产品/服务的行为，或者可能引发其模仿不安全行为的内容； • 未成年人作为视频参与者，不可作为商品代言人出现。
虚假宣传	• 禁止推广内容涉及"一元购、一元抢、一元买、夺宝、众筹"等内容； • 禁止站内抽奖活动。口播、标题、视频中均不可涉及以点赞、转发、评论等方式进行的抽奖、赢奖品、送红包、送实物奖品等活动。 ○ 允许推荐外站的抽奖活动，但需提供活动真实性证明，且最高奖的金额不得超过5w元（含商品价值）。 • 禁止出现面向产品的绝对化用语：最好、第一、唯一、全网最XX等； • 禁止出现无法考证的话术：100%、国家级、世界级、纯天然、纯植物提取、知名机构认证、最新创造、最新发明、无副作用等； • 禁止保证产品功效/服务效果：禁止向用户保证产品功效或相关服务的收益及效果； ○ 保证使用效果：使用三天皮肤会白三个度、15天痘痘不见了； ○ 保证收益：投资一个月肯定回本、学习本课程可以月入过万、做一天/月/年赚多少钱。 ﹨ 豁免：客观描述行情、行价格、单价，非保证一定时间段取得具体收益。 • 禁止以专家推荐、相关领域专业人士形象/名号为嘘头误导用户； ○ 如：专家推荐、医生推荐、育婴师等； ○ 认证信息为医生、医院等医疗专业机构的账号，禁止进行医疗保健相关商品或服务的投放。 • 禁止通过贬低其他生产经营者的商品或服务，来达成推广自家产品的效果。 ○ 踩一捧一或踩多捧一。
版权&侵权限制	• 禁止使用未授权的第三方内容：名字、Logo、形象、图片、文字、音视频素材、创意等； • 禁止使用未授权的影视剧、综艺片段等素材，提供授权可投放； • 禁止搬运站内外视频； • 禁止使用A游戏类素材推广B游戏。
客观真实	• 视频内容提及具体明星代言/使用/推荐/同款、具体达人网红使用/推荐/同款，需提供明星授权； • 视频内容明确提及联名款，需提供联名IP授权； • 视频内容推广涉及"获得奖项"、"背书"等，需提供相关资质或授权证明；涉及"专利"等，需提供相关资质或授权证明的同时标明专利号和专利种类； ○ 如：产品独家专利、专利成分/独家成分、获得具体奖项、上过××杂志/榜单、××协会/技术认证等；独家技术；专研的、专门研究的××。 • 视频内容涉及抽奖活动、瓜分现金/金条活动、玩游戏领现金/得实物、某平台抽取皮肤/抽取点券，需提供真实性证明。
低质营销&诱导	• 不可长时间主体展示商品/产品包装、品牌logo、app界面、引流营销字幕等； • 产品推广部分应与视频主要内容有一定承接转折，禁止通过后期剪切方式进行生硬植入； • 直播预告内容：禁止全程推广产品、推广促销活动。需要有一定的剧情内容植入； • 不可出现联系方式、微信号、二维码、链接等诱导用户跳转的信息元素； • 推广内容不得涉及半永久、祛痘、整容整形等隐含动刀性质的医美类内容（禁入）。

图5-5　内容营销行为细化场景下需要注意的事项

5.1.3　抖音直播内容与行为规范

巨量星图平台发布的《抖音直播内容与行为规范》，主要针对抖音直播做出规定，对运营者和主播进行约束。如果运营者接收的是抖音直播任务，那么需要查看该文档，确保自己的直播内容和行为不会违规。

对此，运营者可以在巨量星图平台的帮助中心中搜索并查看该文档，了解抖音直播的相关规范。具体来说，该文档中主要对抖音直播的规范要求及相应处罚进行了说明，并将违规行为分为三个级别，即一级（严重违规）、二级（中等违规）和三级（一般违规）。图 5-6 所示为一级违规行为的相关信息。

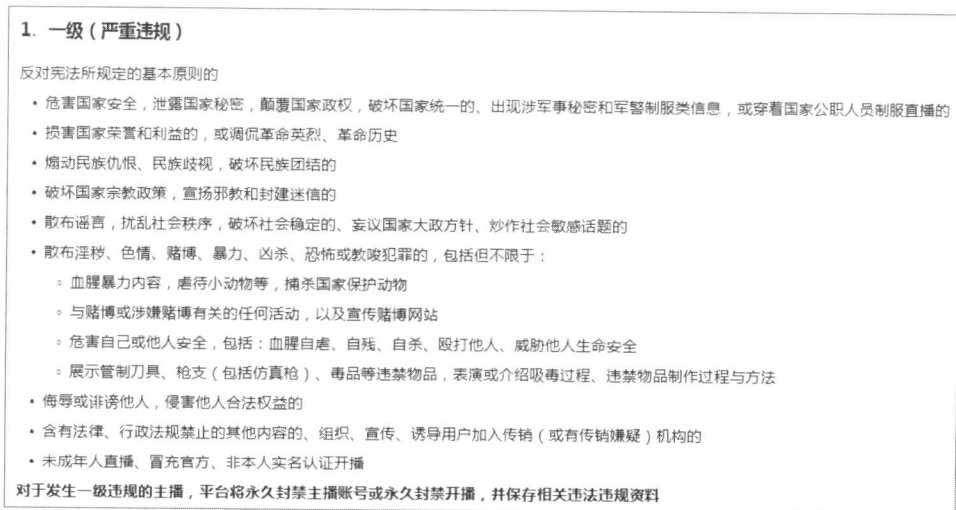

图 5-6　一级违规行为的相关信息

5.1.4　直播电商禁售类目

虽然运营者可通过接收直播任务帮助商家销售商品，但是有的商品类目是不能在抖音平台中进行销售的。对此，巨量星图平台中发布了《直播电商禁售类目》，该文档中对直播不能销售的商品类目进行说明。运营者可以在巨量星图平台的帮助中心搜索并查看该文档，了解直播禁售的商品类目。

具体来说，直播中禁售的商品类目有 19 个，即医疗类、成人用品类、投资和金融类、公益类、安防工具类、违禁工艺品和收藏品类、违法书刊和影视剧类、高仿产品类、殡葬行业类、烟草制品类、妨害正常秩序产品类、危险物品类、三无产品类、宗教类、其他非法产品类、虚拟类、封建迷信类、不符合平台形象的商品类及高危商品类。图 5-7 所示为《直播电商禁售类目》的部分内容。

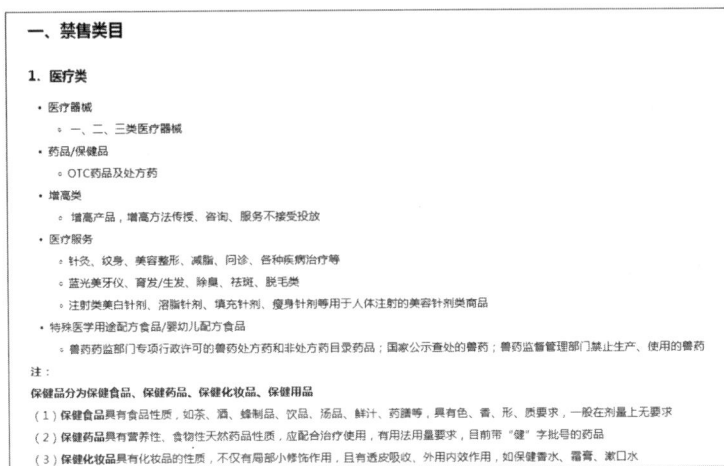

图 5-7 《直播电商禁售类目》的部分内容

5.2 巨量星图的组件审核规范

巨量星图平台对组件的审核主要包括七个方面。本节从这七个方面对巨量星图的组件审核规范进行说明，让大家可以更好地了解规范内容，从而打造出合规的组件。

5.2.1 落地页组件使用规范

落地页又称"着陆页"和"引导页"，是指用户点击营销内容中的链接后跳转至第一个页面。如果达人承接的任务需要设置落地页，那么达人就要先了解《落地页组件使用规范》。

《落地页组件使用规范》对落地页的内容相关性和文案做出要求。在相关性方面，巨量星图平台要求视频、文案和链接三者要有强相关性，即视频、文案、链接展示和涉及的内容要有关联，且对象要一致。例如，视频内容是介绍某品牌的新款手机，文案就应该体现手机品牌、型号等信息，而链接则要满足用户点击后跳转至该手机的售卖界面或产品信息界面。

在文案方面，平台要求不得出现违反相关法律法规、存在安全风险、内容不相符或严重失实、有错别字、自己造词、与未成年人有关的内容。结合相关性的要求，达人在撰写文案时要坚持真实严谨、遵纪守法、高相关性的原则，避免出现违规内容。

5.2.2　抖音购物车的商品分享规范

如果达人承接的任务需要借助抖音购物车或抖音火山版购物车来完成，那么，达人就要先了解巨量星图平台关于抖音购物车的商品分享规范。具体来说，平台对抖音禁止分享的商品、抖音购物车商品信息的发布、抖音购物车一般商品的内容发布及抖音购物车特殊行业的内容发布做出规范，致力于为用户打造一个绿色健康的购物车分享环境。

达人要重点关注抖音禁止分享的商品、抖音购物车一般商品内容发布规范和抖音购物车特殊行业内容发布规范这三个内容，以避免在发布内容时违规。其中，抖音禁止分享的商品目录会在5.2.3节中会进行详细介绍，这里主要介绍后面两个内容。

抖音购物车一般商品内容发布规范有七点，分别是禁止发布侵权内容、禁止发布垃圾广告和其他不良信息、禁止各种作弊行为、禁止违反抖音用户商业推广行为规范、禁止引导非法交易行为、禁止无资质发布专业领域内容及其他抖音平台规定的禁止项。

抖音购物车特殊行业内容发布规范则对美妆、普通食品、酒品、生鲜和教育培训五个行业的视频内容做出要求，当达人的视频购物车中有这些行业的商品时，就要对视频内容进行检查，避免出现违规内容。图5-8所示为达人发布普通食品行业视频时需要遵循的规则。

- 所售食品各类信息，包括但不限于产品的包装、规格、产地及加工地等应与抖音用户在视频中所分享的产品一致
- 抖音用户不得通过平台分享、展示、售卖过期及变质食品
- 抖音用户不得在视频中表达出该商品为"自家产"及相类似信息（包括但不限于口播、标题、视频字幕等）；除非该商品符合国家法律法规要求的可自行生产的类目，符合平台要求，同时向平台提供相关承诺及材料证明相关商品确实由其生产的除外
- 禁止出现与药品相混淆的用语，不得直接或间接地宣传治疗作用，也不得借助宣传某些成分的作用明示或暗示该食品的治疗作用
- 对于婴幼儿乳制品，不得明示或者暗示可以替代母乳
- 不得利用医疗机构、医生、专家、消费者的名义或者形象证明；视频中涉及特定功能的，不得利用专家、消费者的名义或形象做证明
- 普通食品购物车视频不得宣传保健功能，也不得借助宣传某些成分的作用明示或暗示保健功能
- 普通食品不得宣传含有新资源食品中的成分或者特殊营养成分

图 5-8　达人发布普通食品行业视频时需要遵循的规则

5.2.3　抖音平台禁止分享的商品目录

对禁止发布的商品品类、分享违规商品的情形和处理措施进行介绍，达人要认真了解，避免因分享违规商品或信息而受到处罚。

平台禁止发布的商品品类一共有22种，包括军火武器类、国家机关相关用品类、管制器具类、易燃易爆等危险物品类、毒品及相关工具类、破坏社会稳定的有害信息类、暴力低俗类、博彩商品及服务类、侵犯他人隐私的相关商品及服务类、医疗器械及特妆类、人类健康相关的商品及服务类等，每个品类还列出了具体商品或服务使用的情形，达人可以进行对照检查。

为了确保违规行为得到有效处理，平台将违规场景分为Ⅰ～Ⅲ类，又将不同违规场景的违规情节分为情节一般、情节严重和情节特别严重三种情形，根据违规情形和违规次数对达人或商家进行不同程度的处罚。图5-9所示为三种违规情节的说明。

情节一般：商家首次因发布禁售商品/信息被处罚，且未对平台造成重大影响的情形
情节严重：商家首次因发布禁售商品/信息被处罚，对平台或人身造成重大影响的情形
情节特别严重：商家多次发布禁售商品/信息、当次违规商品量级较大、存在虚假宣传等侵害消费者权益的行为，或造成人身伤亡等极其严重的后果及引发恶劣影响等的情形

图5-9　三种违规情节的说明

5.2.4　视频投放广告审核规范

如果任务要求达人在视频中投放广告，那么，达人就需要先了解巨量星图平台发布的《视频投放广告审核规范》，避免广告投放失败。

《视频投放广告审核规范》主要对房产、旅游服务、教育、化妆品、工艺品、纪念币、集邮票品、电商平台、网络游戏、法律服务、食品酒水、手机数码、金融、招商加盟、人力资源、生活美容、小说、种子类、任务赚钱类及视力矫正类20个行业的广告审核规范进行介绍，还列举了31个法律法规禁止接入的行业和22个巨量引擎禁止推广的行业，全方位帮助达人顺利完成广告投放。图5-10所示为旅游服务行业的广告审核规范。

1.发布旅游服务广告的应是具有旅游服务经营资格的旅行社，其他任何单位和个人不得擅自经营旅游服务业务或者变相发布旅游服务广告
2.旅行社应当严格按照旅游行政管理部门、市场监管部门许可服务项目和核定的经营范围发布广告。旅行社服务网点不得以自己的名义制作、发布旅游服务广告
3.广告内容应当真实、合法，涉及的旅行社名称、旅行社经营业务许可证编号、地址、联系电话、旅游线路、项目、时间、价格等服务内容，应当清楚、明白、不得误导、欺骗消费者
4.广告不得以低于接待和服务成本的报价招徕旅游者
5.广告中介绍的旅游活动不得含有违反有关法律、法规规定的内容

图5-10　旅游服务行业的广告审核规范

5.2.5　短视频挂载能力规范

短视频挂载是指达人在视频界面中放置小程序链接，用户点击链接即可进入相应的小程序界面进行访问。为了更好地对短视频挂载进行管理，巨量星图平台发布了《短视频挂载能力规范》，对锚点（一种网页制作中的超链接）挂载相关性要求、锚点文案、锚点落地页和视频质量做出要求。如果达人有短视频挂载的需求，就要认真了解相关内容。

在锚点挂载的相关性方面，达人要避免锚点文案与落地页不相关，更要避

免视频、锚点文案和落地页三者不相关，尤其视频的画面、音频及字幕都要与文案、落地页有强相关性，否则巨量星图平台可能会将锚点进行解绑。

在锚点文案方面，达人要避免文案出现涉政违法、色情低俗、营销、夸张诱导和低质等情况，否则会被拦截或退回。

在锚点落地页方面，达人要避免小程序落地页存在功能问题、营销推广行为、诱导分享行为及其他不符合平台规范的内容，否则巨量星图平台会对小程序进行处理。

在视频质量方面，达人不能为了挂载锚点而随意制作视频，导致视频粗制滥造或引起用户的不适；视频内容也不能出现诱导用户进行点赞、分享的画面，否则有骗互动的嫌疑。

5.2.6 直播平台商品分享社区规范

为了加强对直播平台内容的管理，巨量星图平台还发布了《直播平台商品分享社区规范》，对直播商品的禁止分享类目、信息发布规范、一般内容规范、特殊行业内容规范和相关的法律责任及违规处罚进行介绍。

其中，直播商品分享一般内容规范对主播发布的内容做出要求，包括禁止发布侵权内容、禁止发布垃圾广告和其他不良信息、禁止各种作弊行为、禁止引导非法交易、禁止商品与直播内容无相关性、禁止无资质发布专业领域内容、禁止违法主播分享行为规范及其他禁止项。图 5-11 所示为作弊行为的具体内容。

- 违规获取流量：主播不得以任何手段、任何渠道获取虚假流量，如通过刷单、炒作等形式，对直播的赞、评论、分享等数据造假或作弊，（包括但不限于粉丝数量、分享效果数据等）或通过其他不正当方式，干扰平台正常运行秩序，或谋取不正当利益的行为；
- 诱导取骗用户：诱导/取骗用户对直播进行点赞、收藏、分享，或对账号进行关注（如声称"关注就能领红包"等）；
- 提供虚假信息：包括但不限于主播在准入申请、活动报名、违规申诉等环节向平台提供不真实的证明材料；
- 批量发布重复/低质内容：滥用产品功能进行作弊行为，包括但不限于出现批量发布重复/无意义的低质内容影响平台秩序、破坏平台规则及损害他人权益的行为；
- 宣传其他直播平台（拉粉丝等行为）并贬低本平台；
- 其他作弊行为。

图 5-11 作弊行为的具体内容

5.2.7 化妆品行业商品分享管理办法

如果达人承接的任务属于化妆品行业，那么就需要查看巨量星图平台发布的《化妆品行业商品分享管理办法》，了解化妆品的定义、用途和内容发布规范，以免在分享商品和制作内容时出现违规。

用户购买化妆品时考虑的第一因素就是化妆品的效果，如购买育发化妆品时，用户首先考虑的就是它能不能减少脱发，甚至能不能刺激毛发生长。如果达人在宣传化妆品商品时夸大它的效果，或对商品效果做出了承诺，用户很容易会觉得商品很有用而下单。

但是，化妆品的效果是因人而异的，任何人都不能保证用户用了化妆品就一定可以获得某种效果，夸大商品效果或对商品效果做出承诺都是误导用户的营销行为。

为了避免用户被欺骗或误导，《化妆品行业商品分享管理办法》要求达人在发布相关内容时要做到四个"不得"：不得涉及效果保证或承诺，不得超范围宣传，不得贬低第三方及第三方商品，不得涉及无法核实的数据和信息。图 5-12 所示为不得涉及无法核实的数据和信息的具体内容。

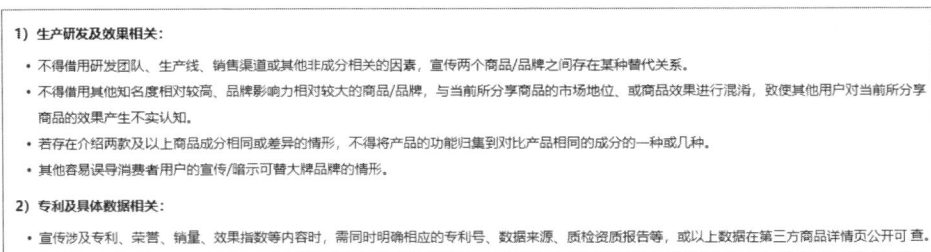

1）生产研发及效果相关：
- 不得借用研发团队、生产线、销售渠道或其他非成分相关的因素，宣传两个商品/品牌之间存在某种替代关系。
- 不得借用其他知名度相对较高、品牌影响力相对较大的商品/品牌，与当前所分享商品的市场地位、或商品效果进行混淆，致使其他用户对当前所分享商品的效果产生不实认知。
- 若存在介绍两款及以上商品成分相同或差异的情形，不得将产品的功能归集到对比产品相同的成分的一种或几种。
- 其他容易误导消费者用户的宣传/暗示可替大牌品牌的情形。

2）专利及具体数据相关：
- 宣传涉及专利、荣誉、销量、效果指数等内容时，需同时明确相应的专利号、数据来源、质检资质报告等，或以上数据在第三方商品详情页公开可查。

图 5-12　不得涉及无法核实的数据和信息的具体内容

5.3　巨量星图的达人管理技巧

在完成巨量星图平台的任务时，运营者可以在了解平台相关规范的基础上，对达人进行管理，让达人的内容和行为更符合巨量星图平台的要求。本节讲解巨量星图的达人管理技巧。

5.3.1　直播推广治理策略

由于直播是实时进行的，所以，一旦直播中出现违规行为，就算立即关闭直播间对主播进行处罚，违规行为造成的影响却无法消除。为了尽可能地避免直播违规行为的出现，巨量星图平台还发布了《主播口播／直播内容注意事项》，对主播口播／直播内容进行规定。

首先，主播要保证口播／直播内容与组件要有关联性，即口播／直播内容与组件内容一致。例如，主播在直播中介绍了一款围巾，并引导观众前往购物车进行购买，那么，购物车中应该放置相对应的围巾商品，如果此时购物车中放置的是一款外套商品，巨量星图平台就会将购物车组件进行下架。其次，平台禁止主播在直播间中售卖高仿商品和假货，一经发现会对违规的直播间进行处罚。

除此之外，为了加强对游戏直播营销的规范，巨量星图平台还特别发布了《主播治理策略－游戏直播推广》，对主播治理策略的推出背景、开始执行时间、处罚措施和常见违规点进行说明。具体的行为规范如下。

- 主播不能对游戏进行夸张、虚假的描述，并欺骗或引导用户下载游戏。
- 在直播过程中，主播不能以转化获利或奖励的方式诱导用户与其进行互动。
- 主播不能以盈利为目的高频率地引导用户下载游戏。如短时间内多次提及"点击下方链接"，利用直播间的贴纸对下载链接进行标注等。
- 主播要为用户提供正面、健康、优质的直播内容。

5.3.2 通过优选计划提升收入

巨量星图平台还推出了优选计划，参与计划的达人可以获得更多的商单机会来提升收入，还能获得平台的流量支持。

符合要求的达人会获得优选签约的定向邀请，答应邀请即可成为优选签约达人，优先接到优选派单。优选签约达人可以享受四项独家权益，包括商单扶持、专属通道、流量扶持和荣誉激励。

其中，商单扶持是指巨量星图平台会为达人提供优质的客户订单，增加达人的任务收益；专属通道是指达人完成优选任务时会获得审核加速和反馈渠道；流量扶持是指达人参与优选任务发布的视频有机会获得官方的流量扶持；荣誉激励是指优选签约达人有机会获得专属身份标识和进入优选榜单。

而优选签约达人也需要履行相应的义务，如图 5-13 所示，否则达人会被巨量星图平台减少甚至停止优选合作。

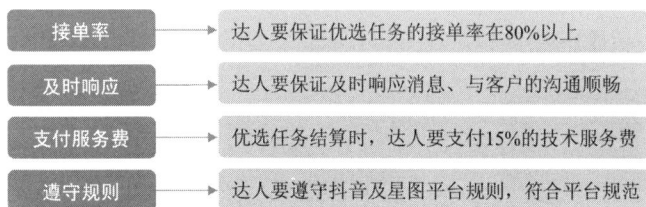

接单率	→	达人要保证优选任务的接单率在80%以上
及时响应	→	达人要保证及时响应消息、与客户的沟通顺畅
支付服务费	→	优选任务结算时，达人要支付15%的技术服务费
遵守规则	→	达人要遵守抖音及星图平台规则，符合平台规范

图 5-13　优选签约达人需要履行的义务

5.3.3 参加繁星计划成为潜力达人

目前，繁星计划为邀请制，巨量星图平台会根据一定的筛选标准主动邀请有潜力的达人参与。当参与计划的达人账号粉丝量超过 100 万，且月均收入超过 3 万元后，达人就可以"毕业"了，"毕业"后平台会自动解除与达人的合作关系，并不再给予额外的扶持。

达人参与繁星计划后，可以获得的权益具体如图 5-14 所示。

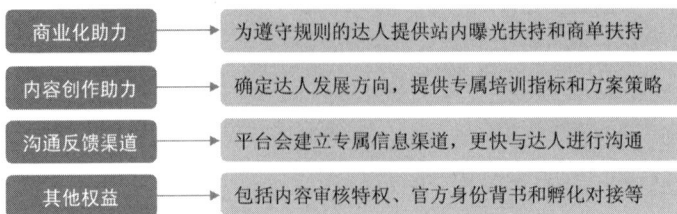

商业化助力	→	为遵守规则的达人提供站内曝光扶持和商单扶持
内容创作助力	→	确定达人发展方向，提供专属培训指标和方案策略
沟通反馈渠道	→	平台会建立专属信息渠道，更快与达人进行沟通
其他权益	→	包括内容审核特权、官方身份背书和孵化对接等

图 5-14　达人参与繁星计划后可获得的权益

当然，达人在享受权益的同时也要承担一定的义务，以避免平台投入资源的浪费。图 5-15 所示为达人参与繁星计划后需要承担的义务。

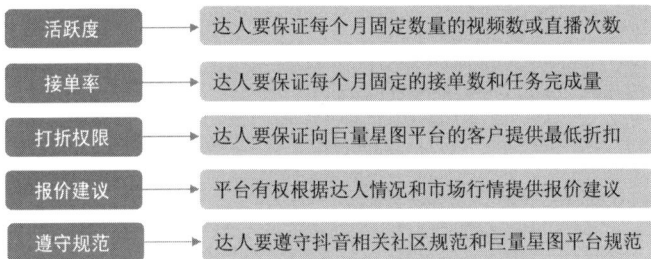

活跃度	→	达人要保证每个月固定数量的视频数或直播次数
接单率	→	达人要保证每个月固定的接单数和任务完成量
打折权限	→	达人要保证向巨量星图平台的客户提供最低折扣
报价建议	→	平台有权根据达人情况和市场行情提供报价建议
遵守规范	→	达人要遵守抖音相关社区规范和巨量星图平台规范

图 5-15　达人参与繁星计划后需要承担的义务

5.3.4　提高自身能力完成更多任务

达人想获得更多收益，就要承接更多任务，并在完成任务的过程中不断地提高自身能力。那么，如何承接更多任务，提高自身能力呢？达人可以了解客户在挑选达人时看重的要点，如图 5-16 所示，结合自身实际情况进行相应地提升。

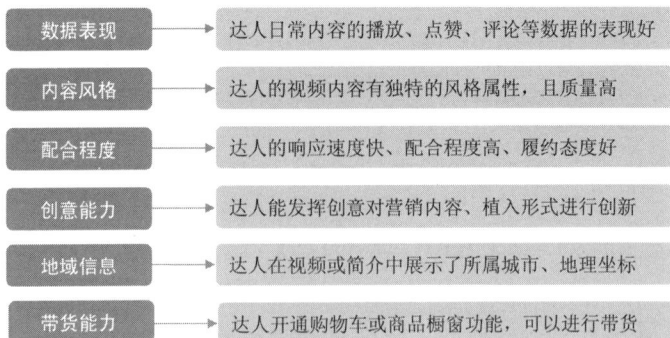

数据表现	→	达人日常内容的播放、点赞、评论等数据的表现好
内容风格	→	达人的视频内容有独特的风格属性，且质量高
配合程度	→	达人的响应速度快、配合程度高、履约态度好
创意能力	→	达人能发挥创意对营销内容、植入形式进行创新
地域信息	→	达人在视频或简介中展示了所属城市、地理坐标
带货能力	→	达人开通购物车或商品橱窗功能，可以进行带货

图 5-16　客户在挑选达人时看重的要点

第6章

创意定制：
商业内容一站式
服务平台

创意定制是巨量星图平台的一个商业内容一站式
服务平台，运营者可以入驻该平台，利用平台提供的
服务，更好地制作有创意的内容。本章介绍创意定制的
相关内容，让运营者快速掌握该平台的使用技巧。

6.1 创意定制平台的账号注册

运营者可以自行注册创意定制平台的账号，并对账号的相关信息进行修改。本节介绍账号注册和信息相关的基本操作方法。

6.1.1 入驻创意定制平台

虽然创意定制是巨量星图平台的一部分，但它与第3章中入驻的巨量星图平台是彼此独立的。因此，运营者要使用创意定制平台的服务，还需要先入驻该平台。下面介绍具体的入驻操作步骤。

步骤 01 进入巨量星图平台，选择"选择您的身份"页面中的"达人／创作者"选项。进入"选择您的媒体平台"页面，选择"我是即合创作者"选项，如图6-1所示。

图6-1 选择"我是即合创作者"选项

步骤 02 进入登录方式选择页面，运营者可以选择用邮箱或手机登录。以手机登录为例，❶输入手机号和验证码；❷单击"登录"按钮，如图6-2所示。

步骤 03 进入"创作者入驻"界面的"基础信息"板块，❶在该板块中设置相关信息；❷单击"下一步"按钮，如图6-3所示。

步骤 04 根据系统提示，依次进行资质认证、结算收款信息填写和合同签订。进入巨量星图创意定制平台的"首页"页面，如图6-4所示。

图 6-2 单击"登录"按钮

图 6-3 单击"下一步"按钮

图 6-4 巨量星图创意定制平台的"首页"页面

6.1.2 修改账号基础信息

入驻创意定制平台后，运营者还可以随时修改账号的基础信息。下面介绍账号基础信息的修改步骤。

步骤 01　登录巨量星图创意定制平台，将鼠标停留在账号头像上，会出现一个下拉面板。单击"基础信息"按钮，如图 6-5 所示。

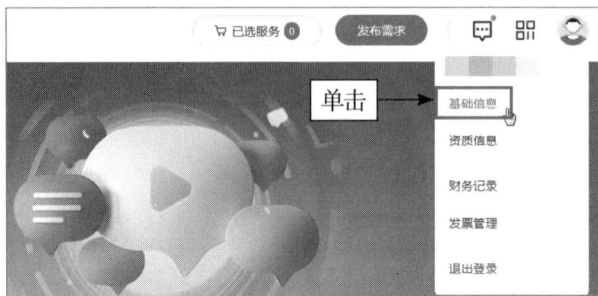

图 6-5　单击"基础信息"按钮

步骤 02　进入"基础信息"页面，单击要修改的信息后面的 ✎ 图标，如图 6-6 所示。

图 6-6　单击 ✎ 图标

步骤 03　❶在弹出的输入框中输入相关信息；❷单击"保存"按钮，如图 6-7 所示。

图 6-7　单击"保存"按钮

步骤 04　如果页面中出现"更新成功"的提示，说明账号信息修改成功了，如图 6-8 所示。

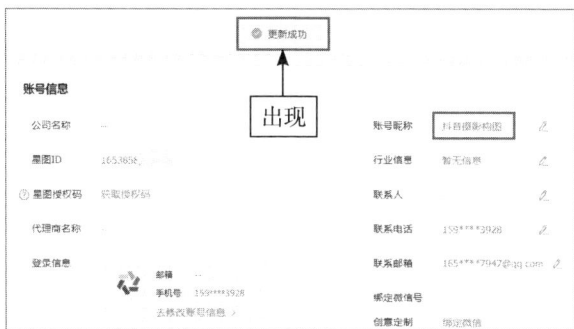

图 6-8　账号信息修改成功

6.2　创意定制平台的任务管理

运营者可以通过创意定制平台完成任务，并对任务的相关信息进行管理。本节讲解创意定制平台任务管理的相关技巧，帮助运营者有序、高效地做好任务管理。

6.2.1　开通即合素材制作任务

即合素材制作任务是为客户提供素材的一种任务模式，运营者可通过该类任务，按要求制作素材，从而获得收益。具体来说，运营者通过如下步骤开通该任务功能。

步骤　01　登录巨量星图平台，❶依次单击"我的星图"按钮、"服务管理"按钮和"即合服务管理"按钮，进入"即合服务管理"页面；❷单击界面中的"申请开通"按钮，如图 6-9 所示。

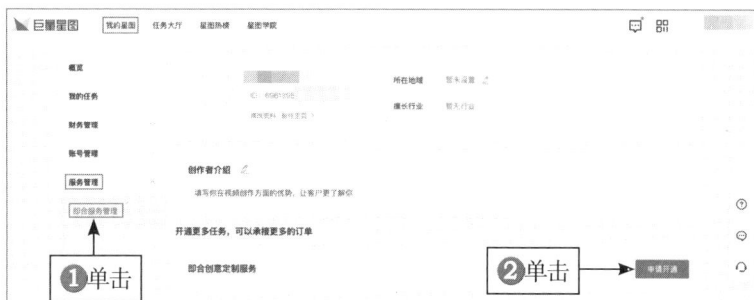

图 6-9　单击"申请开通"按钮

步骤 02 进入"协议签署"页面，阅读协议内容，单击"下一步"按钮，如图 6-10 所示。

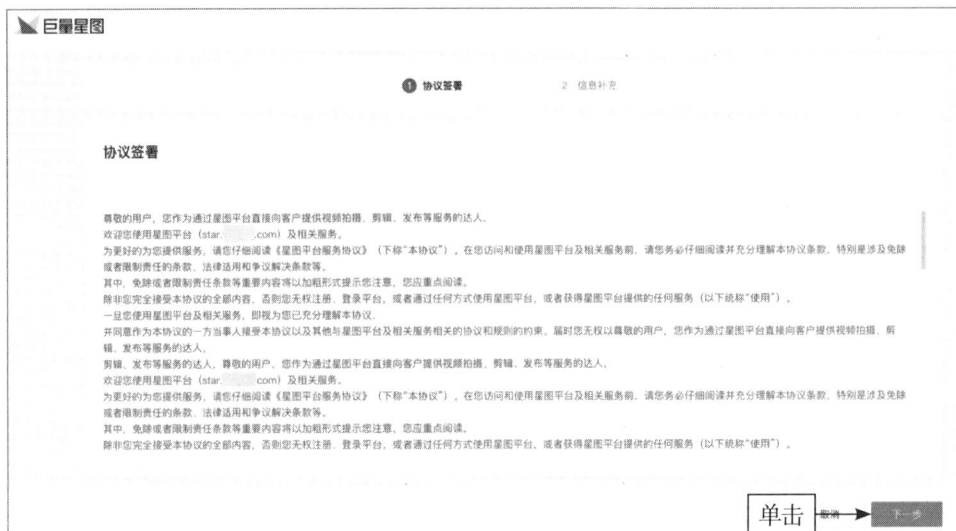

图 6-10 单击"下一步"按钮

步骤 03 进入"信息补充"页面，如图 6-11 所示。运营者需要在该页面中填写相关信息，并单击页面下方的"开通任务"按钮。

图 6-11 "信息补充"页面

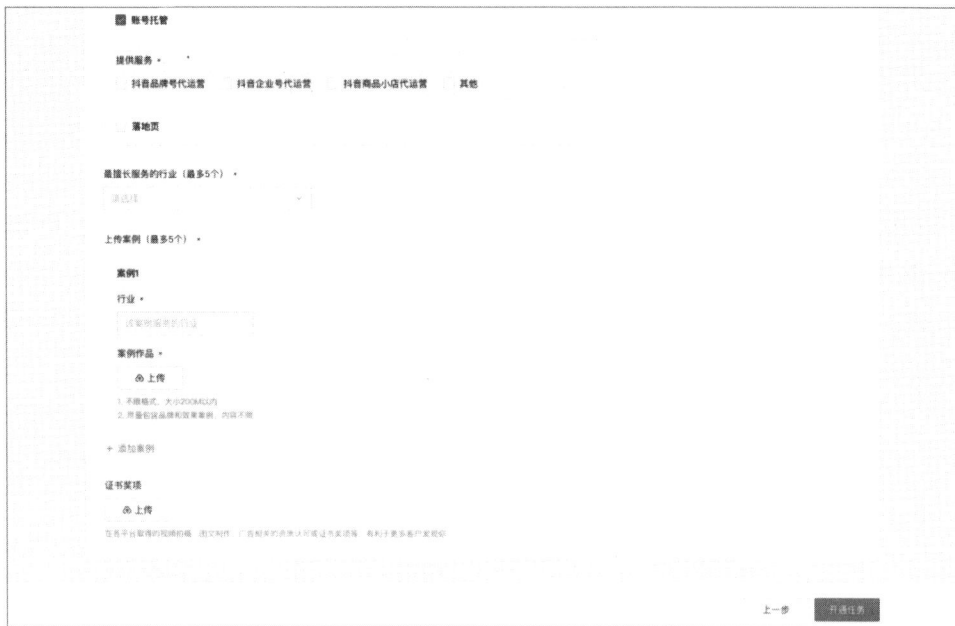

图 6-11 "信息补充"页面（续）

步骤 04 即可开通即合素材制作任务功能。

6.2.2 完成即合素材制作任务

开通即合素材制作任务后，运营者通过如下步骤接收和完成对应的任务。

1. 接收任务

运营者只需进入巨量星图创意定制平台，❶依次单击"我的即合"按钮和"订单管理"按钮，进入订单管理页面；❷单击"待接单"按钮；❸单击对应订单后面的"去接收"按钮，如图 6-12 所示。即可接收对应的任务。

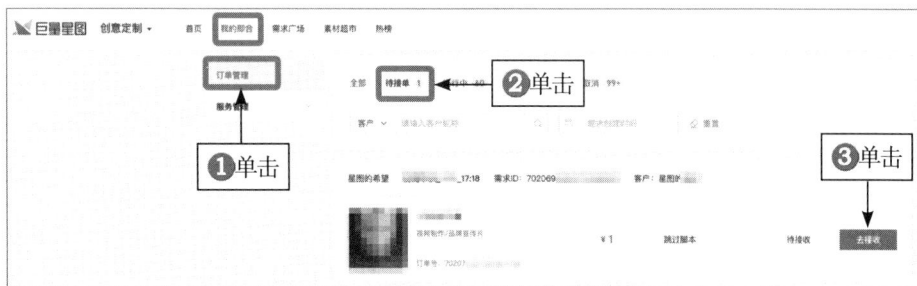

图 6-12 单击"去接收"按钮

2. 制作脚本

接收任务后会自动跳转至"脚本策划"页面，运营者先按要求制作好脚本，然后单击该页面中的"上传脚本"按钮，将脚本上传至巨量星图平台。执行操作后，巨量星图平台会对运营者提交的脚本进行审核。

如果页面中显示"审核未通过"，运营者可以单击页面中的"详情"按钮，如图6-13所示。

图6-13　单击"详情"按钮

弹出"查看脚本"面板，运营者可以在该面板中查看脚本未通过审核的原因，如图6-14所示。

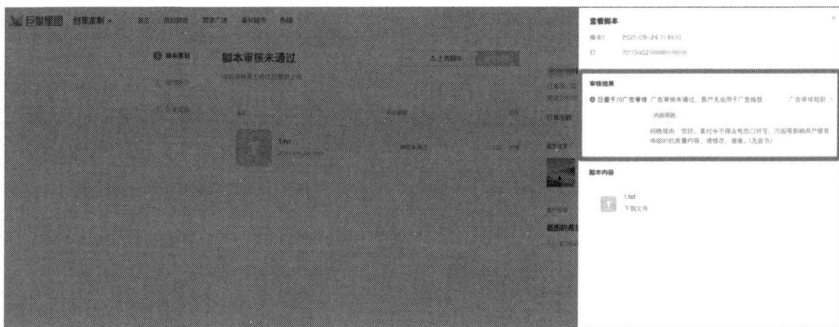

图6-14　弹出"查看脚本"面板

了解脚本审核未通过的原因后，运营者可以据此对脚本进行调整，然后再次上传脚本，等待脚本通过审核。

3. 上传和验收视频

脚本通过审核后，运营者可以上传和验收视频。具体来说，运营者可通过如下步骤上传和验收视频。

步骤 01　脚本通过审核后，会自动跳转至"视频制作"页面，单击上面的"上传视频"按钮，如图6-15所示。

图 6-15　单击"上传视频"按钮

步骤 02　进入"请上传并提交视频"板块，❶选中对应视频前方的复选框；❷单击"提交验收"按钮，如图 6-16 所示。

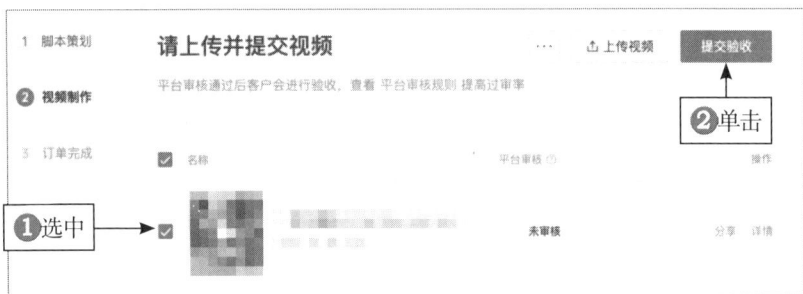

图 6-16　单击"提交验收"按钮

步骤 03　等待平台的审核结果。如果页面中显示"审核未通过"，可以单击"详情"按钮，如图 6-17 所示。

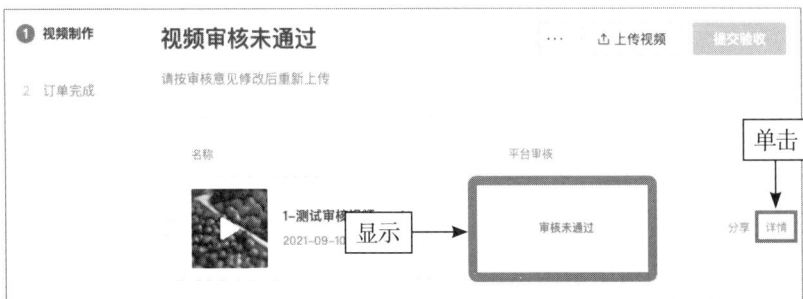

图 6-17　单击"详情"按钮

步骤 04　在弹出的"查看视频"面板中，查看视频未通过审核的原因，如图 6-18 所示。

步骤 05　根据未通过审核的原因对视频进行调整，并重新上传视频，直至视频通过审核。

图 6-18　弹出"查看视频"面板

4. 任务完成

视频通过审核后，会自动跳转至"投放"页面，如果页面中显示"视频投放中"，可以单击"数据"按钮，如图 6-19 所示，查看视频的相关数据。

图 6-19　单击"数据"按钮

执行操作后，进入"视频信息"页面，运营者可以在该页面中查看视频的相关数据，如图 6-20 所示。

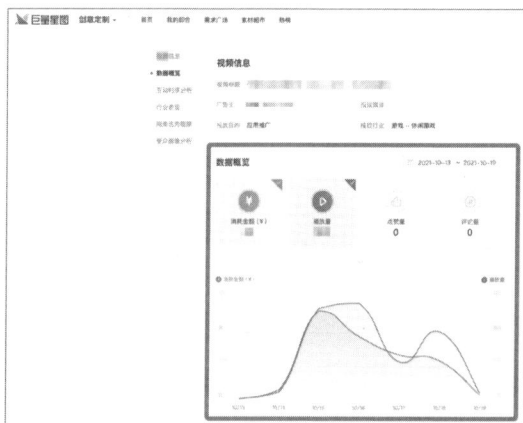

图 6-20　"视频信息"页面

另外，运营者在完成素材制作任务的过程中可能会出现一些疑问。为了给运营者答疑解惑，巨量平台对完成素材制作任务的过程中常见的一些问题进行了解答，如图6-21所示。

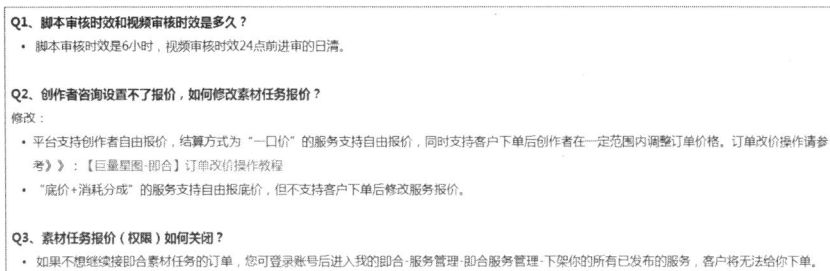

Q1、脚本审核时效和视频审核时效是多久？
• 脚本审核时效是6小时，视频审核时效24点前进审的日清。

Q2、创作者咨询设置不了报价，如何修改素材任务报价？
修改：
• 平台支持创作者自由报价，结算方式为"一口价"的服务支持自由报价，同时支持客户下单后创作者在一定范围内调整订单价格。订单改价操作请参考》》【巨量星图·即合】订单改价操作教程
• "底价+消耗分成"的服务支持自由报底价，但不支持客户下单后修改服务报价。

Q3、素材任务报价（权限）如何关闭？
• 如果不想继续接即合素材任务的订单，您可登录账号后进入我的即合-服务管理-即合服务管理-下架你的所有已发布的服务，客户将无法给你下单。

图 6-21 完成素材制作任务的过程中常见问题的解答

6.2.3 发布与下架即合服务

运营者可以通过如下步骤在巨量星图平台中发布即合服务。

步骤 01 登录巨量星图平台的"我的星图"页面，❶单击"创作者服务管理"按钮，进入服务管理页面；❷单击页面中的"添加服务"按钮，如图6-22所示。

步骤 02 进入"服务类型"页面，❶在该页面中选择服务类型和视频类型；❷单击"下一步"按钮，如图6-23所示。

步骤 03 进入"基本信息"页面，如图6-24所示。运营者在该页面中填写服务的相关信息，并单击"下一步"按钮。

图 6-22 单击"添加服务"按钮

图 6-23 单击"下一步"按钮

图 6-24 "基本信息"页面

步骤 04 进入"详细报价"页面，如图 6-25 所示。运营者需要在该页面中选择结算方式和报价涵盖的服务环节，并单击"确认提交"按钮。

步骤 05 执行操作后，即可发布即合信息。

图 6-25 "详细报价"页面

需要注意的是，选择报价涵盖的服务环节后，运营者还需要填写对应环节的相关信息。图 6-26 所示为脚本策划环节的信息填写页面。

图 6-26 脚本策划环节的信息填写页面

另外，运营者还可以通过一定的操作下架即合服务。具体来说，运营者可以进入服务管理页面，单击"已上架"板块中对应服务后面的"下架"按钮，如图 6-27 所示。执行操作后，即可将对应的即合服务下架。

图 6-27　单击"下架"按钮

6.2.4　订单交易的价格修改

运营者可以在接收任务前与客户商谈价格，提升交易的自由度和成单效率。具体来说，运营者可以通过如下步骤修改订单的交易价格。

步骤 01　进入巨量星图创意定制平台，❶依次单击"我的即合"按钮和"订单管理"按钮，进入订单管理页面；❷单击"待接单"按钮；❸单击对应订单后方的"去接收"按钮。

步骤 02　进入订单信息页面，单击页面中的"修改价格"按钮，如图 6-28 所示。

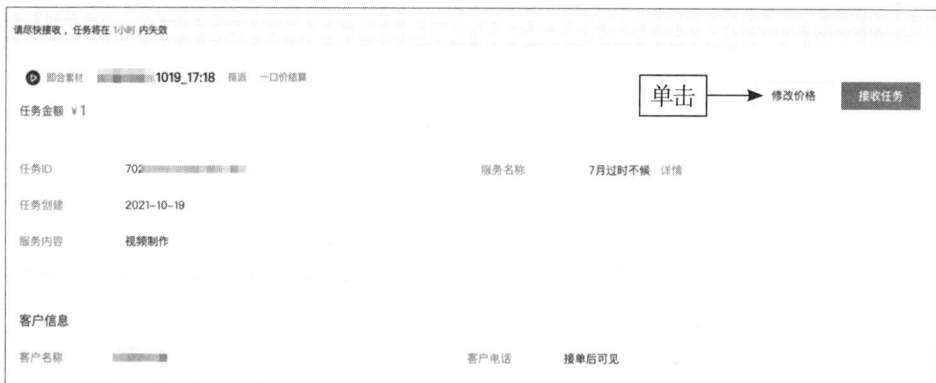

图 6-28　单击"修改价格"按钮

步骤 03 弹出"修改价格"面板，❶在面板中输入服务报价；❷单击"修改并接收任务"按钮，如图 6-29 所示。

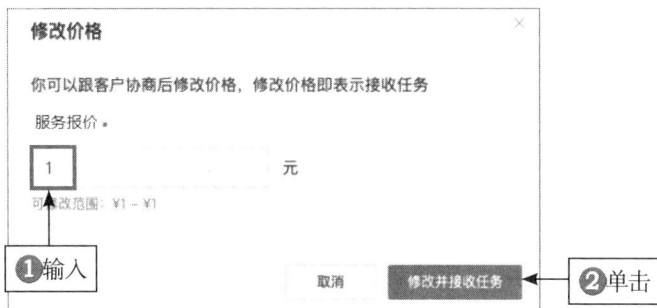

图 6-29 单击"修改并接收任务"按钮

步骤 04 完成订单交易价格的修改。

6.2.5 把链接直接发给客户下单

由于平台的规则设置，运营者和客户登录巨量星图创意定制平台之后看到的内容会有所不同。对此，运营者直接将做好的任务内容以链接的形式发给客户。具体来说，运营者可通过如下操作将链接发给客户，让客户直接下单。

步骤 01 登录巨量星图创意定制平台，发布合适价格的服务，复制页面上方的网页链接，如图 6-30 所示。

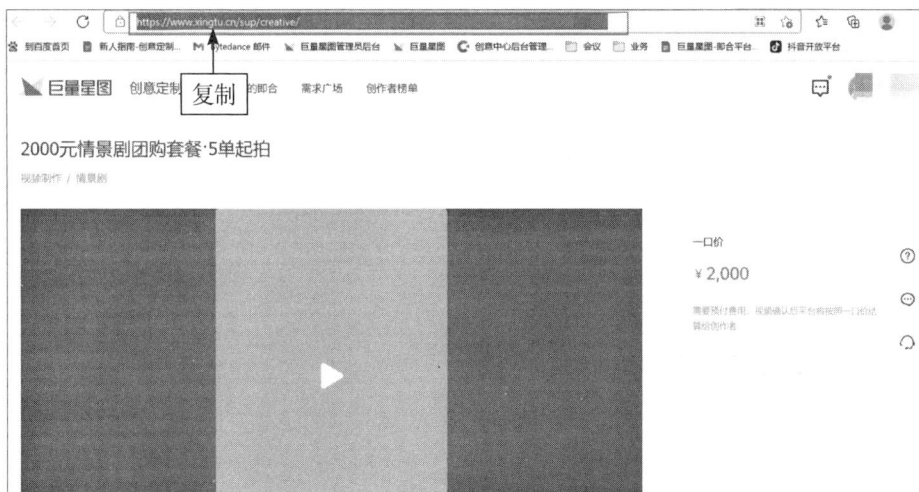

图 6-30 复制网页链接

步骤 02　将网页链接中第一个的 sup 换成 ad，如图 6-31 所示，并将更换后的网页链接发送给客户。

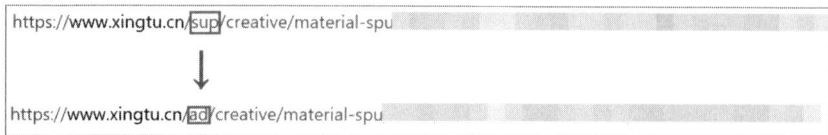

图 6-31　将网页链接中第一个的 sup 换成 ad

步骤 03　客户登录自己的账号，❶粘贴网络链接，进入服务信息页面；❷单击"立即下单"按钮，如图 6-32 所示。

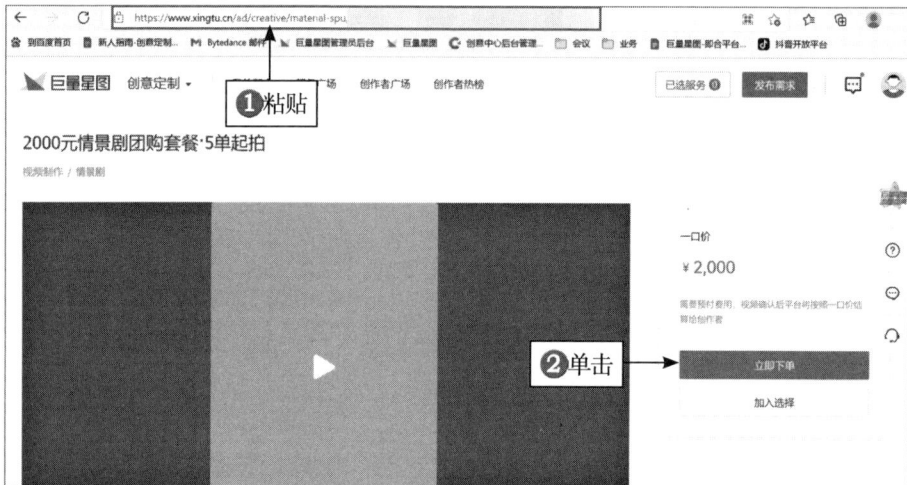

图 6-32　单击"立即下单"按钮

步骤 04　客户即可直接完成下单。

6.3　创意定制平台的财务管理

运营者在创意定制平台中接收任务时会产生财务信息。对此，运营者通过一定的操作对财务信息进行相关管理。本节介绍创意定制平台的一些财务管理技巧。

6.3.1　运营者的结算操作技巧

运营者可通过巨量星图的"交易记录"板块进行结算的相关操作。例如，运营者可通过如下步骤生成结算单。

步骤 01 登录巨量星图创意定制平台，将鼠标停留在账号头像上，会出现一个下拉面板，单击"财务记录"按钮，如图6-33所示。

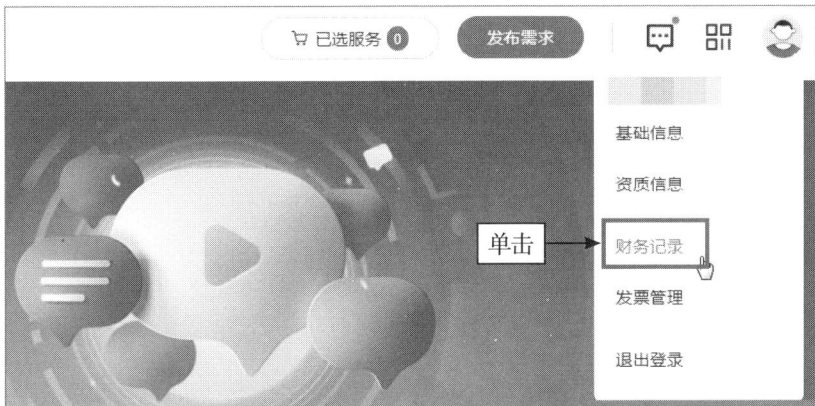

图6-33 单击"财务记录"按钮

步骤 02 进入"交易记录"页面，❶选中需要生成结算单的任务前面的复选框；❷单击"生成结算单"按钮，如图6-34所示。

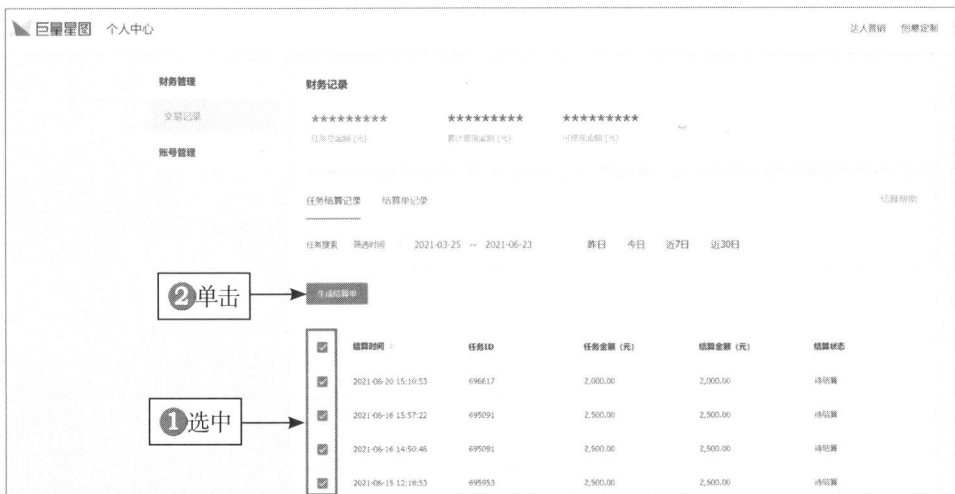

图6-34 单击"生成结算单"按钮

步骤 03 在弹出的"生成结算单"面板中，单击"生成"按钮，如图6-35所示。

步骤 04 即可生成对应任务的结算单。

除了生成结算单之外，运营者还可以在线上对结算单进行盖章（结算单签章）。具体来说，运营者可通过如下步骤进行结算单签章。

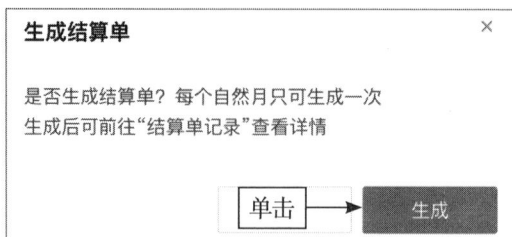

图 6-35　单击"生成"按钮

步骤 01　进入"交易记录"页面，❶单击页面中的"结算单记录"按钮；❷单击对应任务后面的"结算单盖章"按钮，如图 6-36 所示。

图 6-36　单击"结算单盖章"按钮

步骤 02　弹出"选择签章手机号"面板，❶在该面板中填写签章信息；❷单击"提交"按钮，如图 6-37 所示。

步骤 03　即可给对应任务结算单进行线上盖章。

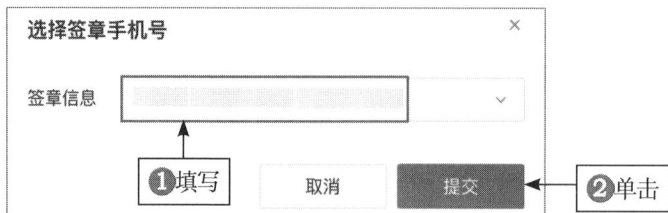

图 6-37　单击"提交"按钮

另外，在进行线上签章之前，如果要重新选择订单生成结算单，先单击"结算单记录"面板中的"取消提现"按钮，如图 6-38 所示。然后返回"任务估算记录"板块，重新生成结算单。

图 6-38 单击"取消提现"按钮

6.3.2 修改银行账户的操作方法

为了提升用户体验,巨量星图平台对修改收款账户的操作流程进行了优化。运营者可以自行修改开户行账户和收款银行的相关信息。需要注意的是,修改结果会在半个小时内确认,但要次月才会生效,并且收款账户信息每个月只能修改一次。

那么,运营者要如何修改银行账户信息呢?下面介绍修改银行账户具体的操作步骤。

步骤 01 登录巨量星图创意定制平台,将鼠标停留在账号头像上,会出现一个下拉面板,单击"资质信息"按钮,如图 6-39 所示。

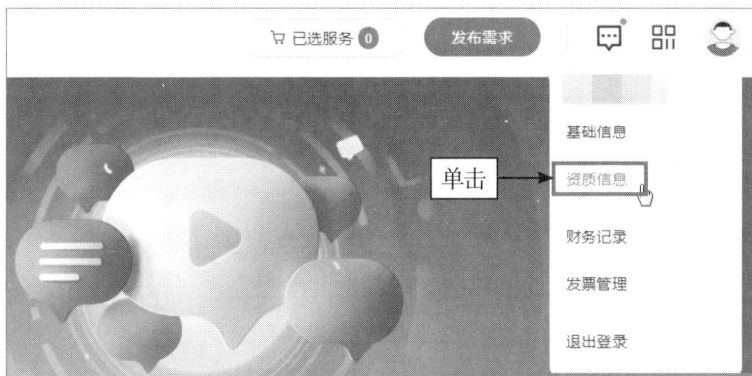

图 6-39 单击"资质信息"按钮

步骤 02 进入"资质信息"页面，单击"修改银行信息"按钮，如图 6-40 所示。

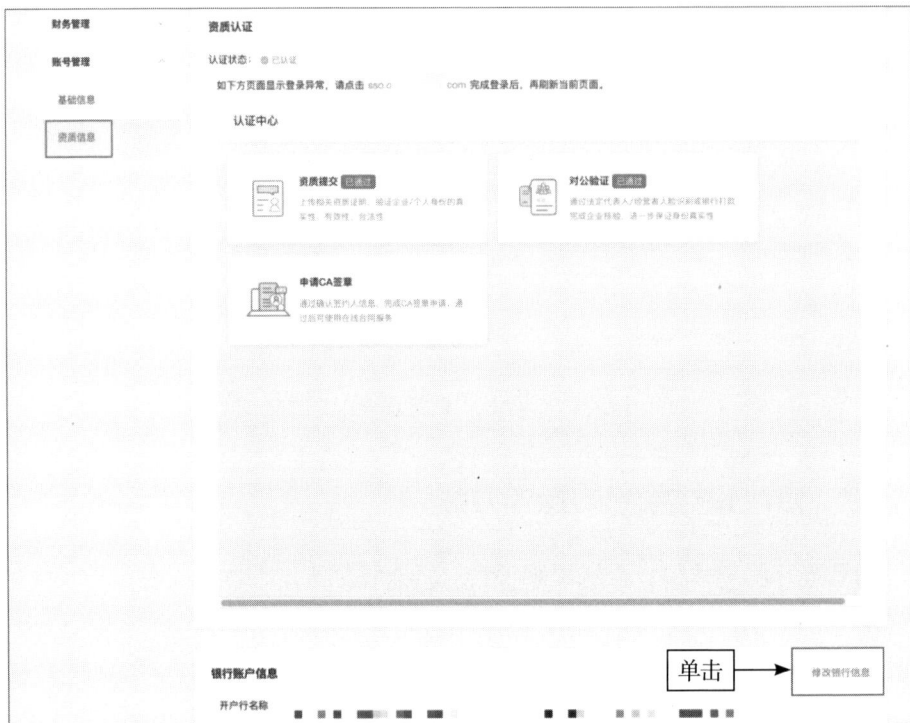

图 6-40 单击"修改银行信息"按钮

步骤 03 进入"修改银行信息"页面，如图 6-41 所示。运营者需要在该页面中填写银行信息，并单击"提交"按钮。

图 6-41 "修改银行信息"页面

步骤 04　弹出“安全校验”面板，运营者可以选择进行手机校验或邮箱校验。以手机校验为例，运营者在面板中输入手机号和验证码，并单击“提交”按钮。图 6-42 所示为手机校验面板。

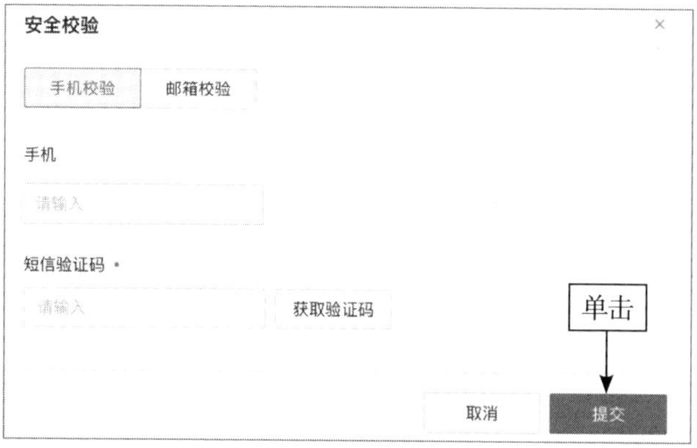

图 6-42　手机校验面板

步骤 05　完成银行信息的修改。

6.3.3　结算打款失败的处理措施

运营者在通过巨量星图进行自助结算的过程中，可能会出现打款失败的情况。为了让运营者更加了解打款失败，巨量星图平台对结算打款失败的相关信息进行说明，如图 6-43 所示。

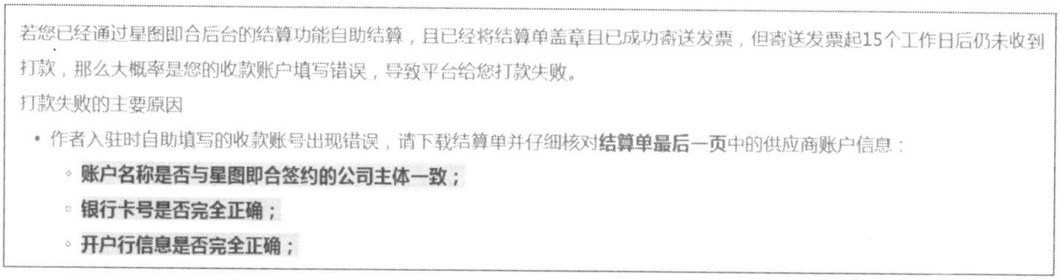

若您已经通过星图即合后台的结算功能自助结算，且已经将结算单盖章且已成功寄送发票，但寄送发票起15个工作日后仍未收到打款，那么大概率是您的收款账户填写错误，导致平台给您打款失败。

打款失败的主要原因

- 作者入驻时自助填写的收款账号出现错误，请下载结算单并仔细核对**结算单最后一页**中的供应商账户信息：
  - **账户名称是否与星图即合签约的公司主体一致；**
  - **银行卡号是否完全正确；**
  - **开户行信息是否完全正确；**

图 6-43　巨量星图平台中关于结算打款失败的相关说明

那么，如果出现结算打款失败的情况，运营者要如何进行处理呢？对此，如果显示结算单已提现，运营者可以选择直接取消提现，然后再重新生成结算单。具体来说，进入“交易记录”页面的“结算单记录”面板，单击对应结算单后面的“取消”按钮，如图 6-44 所示。执行操作后，即可取消提现。

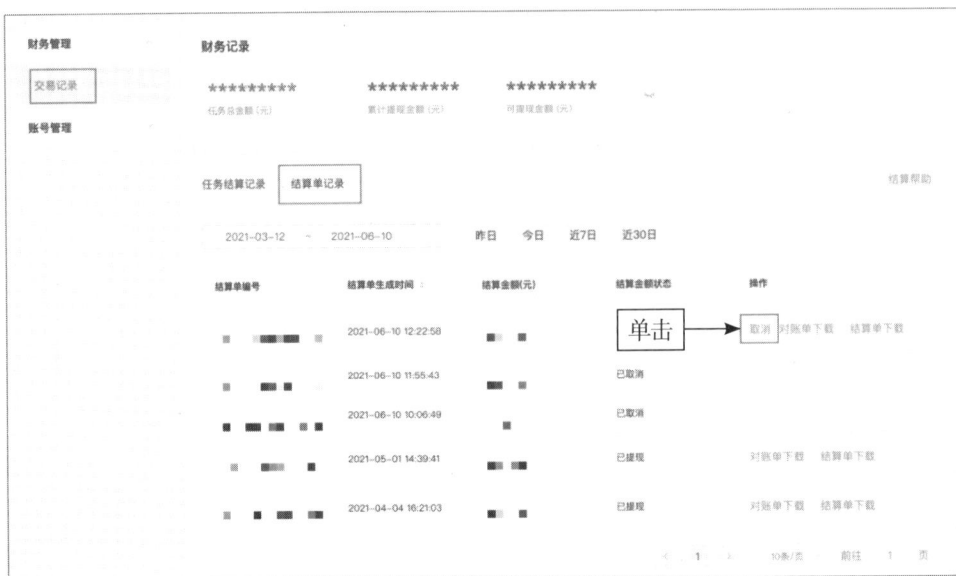

图 6-44　单击"取消"按钮

取消提现后，运营者可以修改银行账号信息，然后等银行账号信息修改成功之后，再重新生成结算单。

精选联盟篇

第 **7** 章

开通联盟：
连接商家和达人的
选品库

"精选联盟"是连接商家和达人的一个选品库，商家可以将商品发布在"精选联盟"中，而达人则可以从中选择商品进行带货。因此，如果运营者要想成为带货达人，就必须开通"精选联盟"的相关权限，借助其中丰富的商品资源进行带货。

7.1 精选联盟的入门详解

很多人虽然听说过"精选联盟"，但是对它的了解却比较有限。本节详细讲解"精选联盟"的相关知识，帮助大家快速入门"精选联盟"。

7.1.1 什么是精选联盟

什么是"精选联盟"？对于这个问题，可以从平台和功能两个方面来进行分析。

从平台这个角度来看，"精选联盟"是抖音带货的首选平台，该平台中的商品种类丰富、场景兼容，而且商品都是经过官方审核的，有官方的支付渠道，结算也比较安全。因此，大多数运营者都会从"精选联盟"中挑选商品进行带货。

从功能角度来看，"精选联盟"则是包含众多功能的一个板块。具体来说，开通"精选联盟"权限后，运营者的"商品橱窗"界面中会出现一个"精选联盟"板块，如图7-1所示。运营者可以点击该面板中的对应按钮，查看与"精选联盟"相关的信息。

图 7-1　"精选联盟"面板

7.1.2 精选联盟的主要优势

很多运营者之所以愿意开通"精选联盟"权限，主要是因为开通该权限后可以给电商运营工作带来很多便利。具体来说，"精选联盟"的优势主要体现在四个方面，如图7-2所示。借助"精选联盟"的这些优势，运营者可以快速找到合适的商品进行带货，从而有效地提高自身的收益。

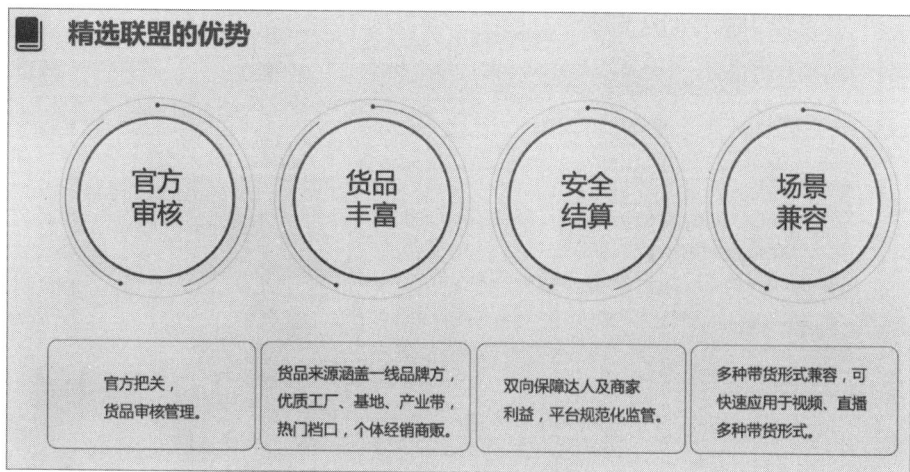

図 7-2　精选联盟的优势

7.1.3　开通条件和访问路径

开通"精选联盟"是每个电商运营者都必须要尽早完成的工作之一。当然，运营者要想开通"精选联盟"，还得保证自己的抖音号达到以下三个必备条件，如图 7-3 所示。

图 7-3　开通精选联盟的必备条件

当抖音号达到条件后，运营者可开通"精选联盟"，并开始通过"精选联盟"进行带货。当然，运营者要想通过"精选联盟"进行带货，还需要了解"精选联盟"的访问途径。下面介绍"精选联盟"的访问途径。

步骤 01　进入抖音 App 的"我"界面，点击界面中的"商品橱窗"按钮，如图 7-4 所示。

步骤 02 进入"商品橱窗"界面，该界面中会出现"精选联盟"板块，运营者可以点击板块中的对应按钮，访问"精选联盟"的相关界面。例如，运营者可以点击"选品广场"按钮，如图7-5所示。

图7-4 点击"商品橱窗"按钮

图7-5 点击"选品广场"按钮

步骤 03 进入"抖音电商精选联盟"界面，运营者可以从该界面中选择商品进行带货。图7-6所示为"抖音电商精选联盟"的相关界面。

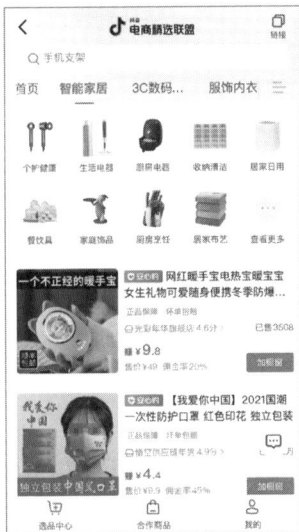

图7-6 "抖音电商精选联盟"的相关界面

专家提醒：运营者的抖音号开通橱窗权限后，主页界面（"我"界面）中才会出现"商品橱窗"按钮。因此，如果橱窗权限没有开通成功，运营者则无法访问"精选联盟"的相关界面，也无法通过"精选联盟"进行带货。

7.1.4 精选联盟的应用价值

"精选联盟"的应用价值主要体现在，运营者可通过多种方法，从"精选联盟"中找到需要的商品进行带货。具体来说，运营者可通过以下四种方法，在"精选联盟"中找到自己需要的商品。

1. 直接搜索商品

如果运营者已经确定了要销售的商品，则可以借助"精选联盟"中的搜索功能来选择需要的商品。具体来说，运营者可通过如下操作直接搜索商品。

步骤 01　进入抖音 App 的"我"界面，点击"商品橱窗"按钮，如图 7-7 所示。

步骤 02　进入"商品橱窗"界面，点击"选品广场"按钮，如图 7-8 所示。

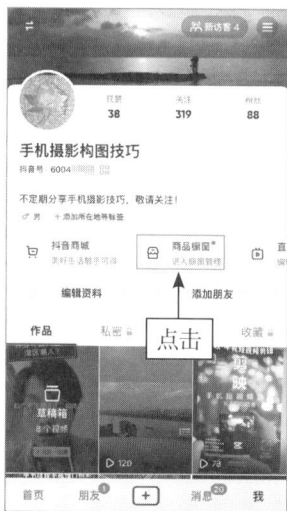

图 7-7　点击"商品橱窗"按钮

图 7-8　点击"选品广场"按钮

步骤 03　进入"抖音电商精选联盟"界面，点击搜索框，如图 7-9 所示。

步骤 04　进入抖音商品搜索界面，点击搜索框，如图 7-10 所示。

图 7-9　点击搜索框（1）

图 7-10　点击搜索框（2）

步骤 05　❶在搜索框中输入商品名称，如"云台"；❷点击"搜索"按钮，如图 7-11 所示。

步骤 06　搜索结果中会出现相关商品，如图 7-12 所示。

图 7-11　点击"搜索"按钮

图 7-12　出现相关商品

专家提醒：直接搜索商品是很多运营者常用的商品查找方法之一。运营者只需在搜索框中输入关键词或粘贴链接，即可快速找到对应的商品。

2. 类目定向找货

如果运营者确定要带货的商品类目，可以根据类目在"精选联盟"中进行定向找货，具体操作步骤如下。

步骤 01　进入抖音 App 的"抖音电商精选联盟"界面，点击 ☰ 图标，如图 7-13 所示。

步骤 02　进入"商品分类"界面，点击对应分类的按钮，如"手机"按钮，如图 7-14 所示。

步骤 03　进入"手机"界面，该界面中会为运营者展示各种手机，如图 7-15 所示。

图 7-13　点击 ☰ 图标

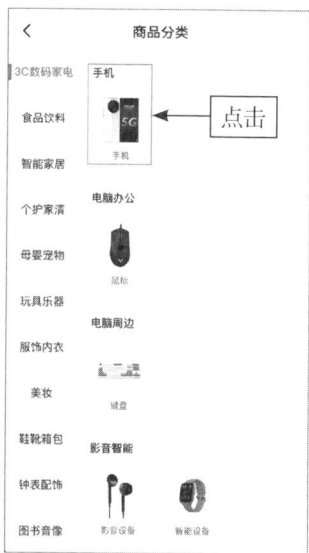

图 7-14　点击"手机"按钮

除了通过商品分类进行筛选外，运营者还可以通过"抖音电商精选联盟"界面中的导航栏找货，具体操作步骤如下。

步骤 01　进入抖音 App 的"抖音电商精选联盟"界面，点击导航栏中对应分类的按钮，如"3C 数码…"按钮，如图 7-16 所示。

步骤 02　界面中会出现下拉分类列表框，点击对应细分类别的按钮，如"鼠标"按钮，如图 7-17 所示。

步骤 03　进入"鼠标"界面，该界面中将为运营者展示各种鼠标，如图 7-18 所示。

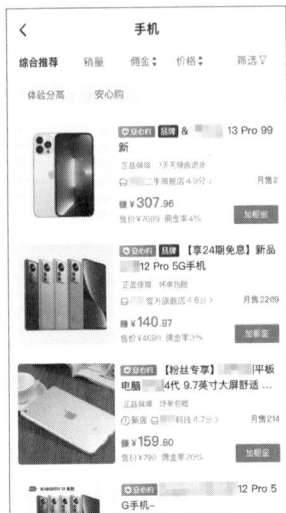

图 7-15　展示各种手机

图 7-16　点击"3C 数码…"按钮

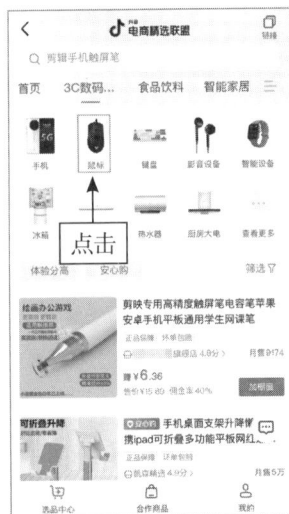

图 7-17　点击"鼠标"按钮

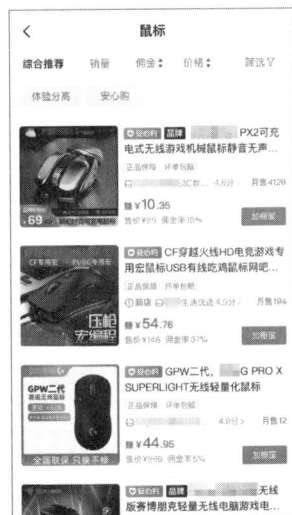

图 7-18　展示各种鼠标

3. 固定模块选货

"精选联盟"中形成了多个固定模块，运营者可以根据自身需求，从这些模块中选择需要的商品，具体操作步骤如下。

步骤　01　进入抖音 App 的"抖音电商精选联盟"界面，点击对应模块所在的位置，如"9.9 秒杀"，如图 7-19 所示。

步骤　02　进入"9.9 秒杀"界面的"热卖爆款"选项卡查看相关商品，如图 7-20 所示。

图 7-19　点击"9.9 秒杀"模块所在的位置　　图 7-20　"热卖爆款"选项卡

"抖音电商精选联盟"界面中有两种类型的模块，一种是类似于"9.9 秒杀"版块型模块；另一种是按钮型模块。运营者可通过如下操作进入按钮型模块的相关界面并选择需要的货品。

步骤 01　进入抖音 App 的"抖音电商精选联盟"界面，点击对应模块的按钮，如"热销榜单"按钮，如图 7-21 所示。

步骤 02　进入"联盟商品榜单"界面的"爆款销量榜"选项卡查看相关商品，如图 7-22 所示。

图 7-21　点击"热销榜单"按钮　　图 7-22　"爆款销量榜"选项卡

4. 智能个性化推荐

抖音平台会根据运营者的带货情况，以及购买人群的消费行为，进行个性化推荐，将可能符合要求的商品推荐给运营者。

具体来说，运营者向上滑动"抖音电商精选联盟"界面，即可看到"精选联盟"板块，该板块中会对运营者进行个性化推荐。运营者可以根据自身需要筛选商品，例如，可以点击"体验分高"按钮，如图 7-23 所示。执行操作后，即可查看体验分高的商品，如图 7-24 所示。

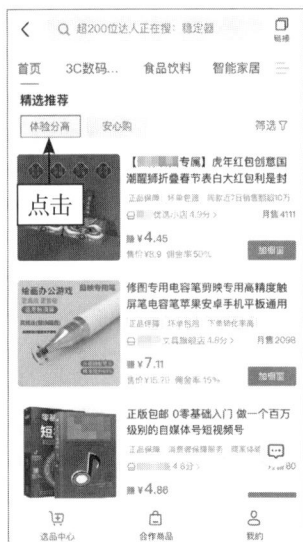

图 7-23　点击"体验分高"按钮　　　　图 7-24　查看体验分高的商品

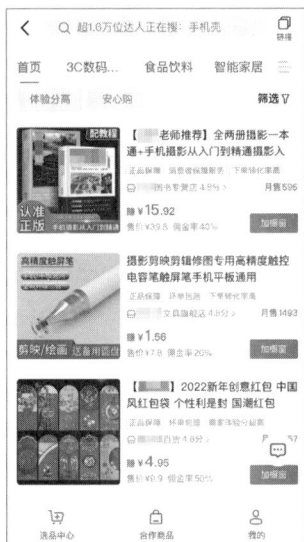

7.2　精选联盟的运营技巧

在运营"精选联盟"的过程中，运营者不仅需要开通"商品橱窗"等功能，还需要根据自身需求做好相关的入驻。本节讲解"精选联盟"的常用运营技巧，帮助大家做好相关的运营工作。

7.2.1　入驻抖音电商达人直播基地

运营者可以借助"精选联盟"板块中的"基地直播"功能，入驻抖音电商达人直播基地，借助基地的资源增强自身的带货效果。具体来说，运营者可通过如下步骤发送合作意向，申请入驻对应的直播基地。

步骤 01 点击"商品橱窗"界面中的"基地直播"按钮，如图 7-25 所示。

步骤 02 进入"抖音电商达人直播基地"界面，点击对应直播基地所在的位置，如图 7-26 所示。

图 7-25 点击"基地直播"按钮

图 7-26 点击对应直播基地所在的位置

步骤 03 进入"基地详情"界面，点击"发送合作意向"按钮，如图 7-27 所示。

步骤 04 弹出"申请合作"面板，❶在面板中填写手机号和微信号；❷点击"发送合作意向"按钮，如图 7-28 所示。

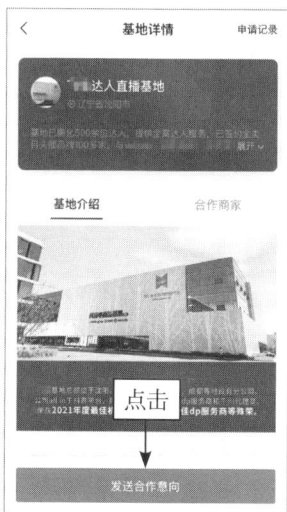

图 7-27 点击"发送合作意向"按钮（1）

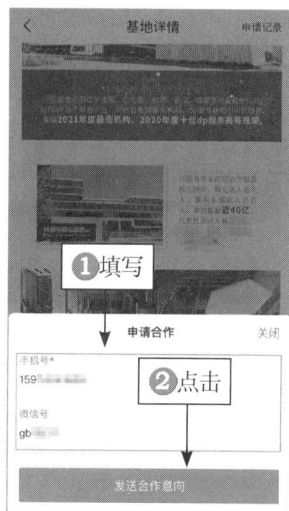

图 7-28 点击"发送合作意向"按钮（2）

专家提醒：抖音平台中展示的电商达人直播基地比较多，运营者可以根据孵化的达人、合作的商家、基地的位置和基地的其他介绍进行筛选，从中选择更适合自身的基地进行入驻。

7.2.2　开通抖音带货权限的方法

在抖音平台中，很多权限是有管理的。比如，运营者要想开通"精选联盟"，需要先开通"商品橱窗"；如果要获得"商品橱窗"，则先开通带货权限。因此，开通带货权限是抖音电商运营的基础，只有开通了带货权限，才能借助"精选联盟"进行带货。下面介绍开通抖音带货权限的方法。

步骤 01　进入抖音 App 的"我"界面，点击上面的 ≡ 图标，如图 7-29 所示。

步骤 02　在弹出的面板中选择"创作者服务中心"选项，如图 7-30 所示。

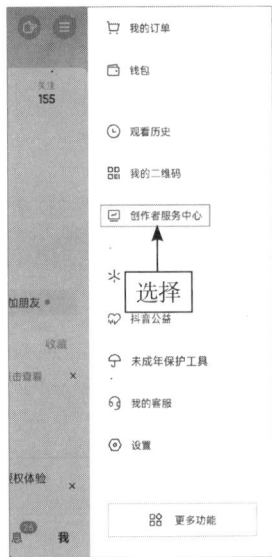

图 7-29　点击≡图标　　　　图 7-30　选择"创作者服务中心"选项

步骤 03　进入创作者服务中心界面，点击"商品橱窗"按钮，如图 7-31 所示。

步骤 04　进入"商品橱窗"界面，选择"成为带货达人"选项，如图 7-32 所示。

图 7-31　点击"商品橱窗"按钮　　　图 7-32　选择"成为带货达人"选项

步骤 05　进入"成为带货达人"界面，点击"带货权限申请"按钮，如图 7-33 所示。

步骤 06　进入"带货权限申请"界面，该界面中会显示申请带货权限的要求，如图 7-34 所示。如果运营者的账号满足所有的申请要求，可以点击界面下面的"立即申请"按钮，申请开通带货权限。

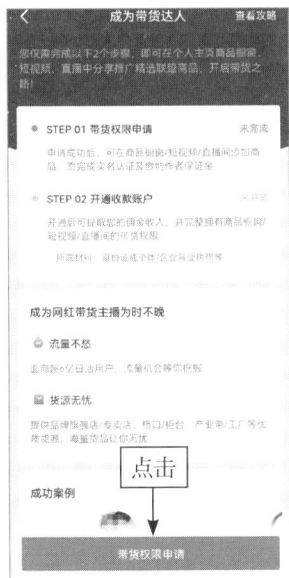

图 7-33　点击"带货权限申请"按钮　　　图 7-34　"带货权限申请"界面

> 专家提醒：不同时期，抖音平台对开通带货权限申请的要求也不尽相同。例如，抖音App 上线初期开通抖音带货申请，对粉丝数和作者保证金是没有要求的。这也说明做抖音带货应该尽早入场，因为之后的进场门槛可能会越来越高。

7.2.3 本地生活及虚拟行业的入驻

“精选联盟”对本地生活及虚拟行业商家的入驻是有一定限制的。具体来说，购物提货券类是不支持入驻的，而有的类目则需要定向邀请才能入驻。图 7-35 所示为需要定向邀请才能入驻“精选联盟”的部分本地生活及虚拟行业类目。

一级类目	二级类目	三级类目	是否需获得联盟定向邀请
特价酒店/特色客栈/公寓旅馆	酒店客栈套餐	境内套餐	
		境外套餐	√
	酒店餐饮及服务	酒店服务	
		酒店餐饮美食	
	代订酒店套餐服务		√
度假线路/签证送关/旅游服务	旅游签证/入台证	签证直营	√
		签证入台证增值服务	√
		入金证	√
		普通签证	√
		入台证（自由行）	√
		入台证（短期商务等）	√
	旅游优惠券/会员卡	酒店优惠券	√
		旅行社/网站优惠券	√
		平台有价优惠券	√
	旅游服务	机场行李托运取送寄存	√
		机场周边停车位	√
		机票增值产品	√
	旅游购物/纪念品/旅行用品	酒店用品	√
		旅游购物/纪念品	√
		旅游必备品	√
	自由行/跟团游	境内跟团游	√

	自由行/跟团游	境内跟团游	√
		境内自由行	√
		出境自由行	√
		出境跟团游	√
	邮轮/游船	出境邮轮	√
		船票	√
		境内邮轮	√
	旅游定制	境内线路定制	√
		出境线路定制	√
	用车/地面公共交通	租车/租车自驾游	√
		接送（机场/点对点/拼车）	√
		巴士/地铁/交通卡/一卡通	√
		境外火车票	√
		租车服务	√
	目的地玩乐	美食卡券/酒店餐饮卡券	√
		酒店SPA/足浴/温泉	√
		旅行拍照/婚纱摄影	√
		地陪/讲解/翻译/咨询服务	√
		境外一日游/多日游	√
		境外玩乐套餐	√
	国外票务(景点/赛事/演出)	国外票务	√
景点门票/实景演出/周边游	国内票务	国内票务	

图 7-35　需要定向邀请才能入驻“精选联盟”的部分本地生活及虚拟行业类目

第 **8** 章

合作推广：
帮助商品获得
长期的曝光

对于商家来说，将商品发布到"精选联盟"中，然后通过合作推广让运营者进行带货，可以帮助商品得到长期的曝光，而运营者则可以借助合作推广获得一定的收益。本章介绍合作推广的相关知识，让商家和运营者快速找到合适的合作对象。

8.1 如何寻找带货达人

对于商家来说，借助"精选联盟"获得更多收益的关键，就在于找到合适的达人进行合作推广，从而增加商品的销量。那么，商家要怎样寻找合适的带货达人呢？本节介绍三种寻找带货达人的方法。

8.1.1 通过达人广场寻找达人

在抖店（抖音小店）的后台的"精选联盟"板块中有一个"达人广场"，商家可以在该广场中寻找合适的达人进行合作推广，具体操作步骤如下。

> 专家提醒：商家在通过达人广场寻找达人时，需要注意以下两个规则。
> （1）每个商家每天最多只能与10位达人取得联系，并进行合作。
> （2）只有旗舰店商家或月成交总额超过100万元的商家，才能与LV6、LV7或粉丝数超过1000万的达人联系。

步骤 01 进入抖店后台，单击默认页面上方菜单栏中的"精选联盟"按钮，如图8-1所示。

图 8-1 单击"精选联盟"按钮

步骤 02 自动跳转至巨量百应平台的"普通计划"页面，依次单击页面左侧菜单栏中的"服务大厅"按钮和"达人广场"按钮，如图8-2所示。

图 8-2　单击"达人广场"按钮

步骤 03　进入"达人广场"页面，❶在页面的搜索框中输入抖音达人的抖音号名称；❷单击 🔍 图标，进行搜索；❸单击搜索结果中对应抖音号所在的区域，如图 8-3 所示。

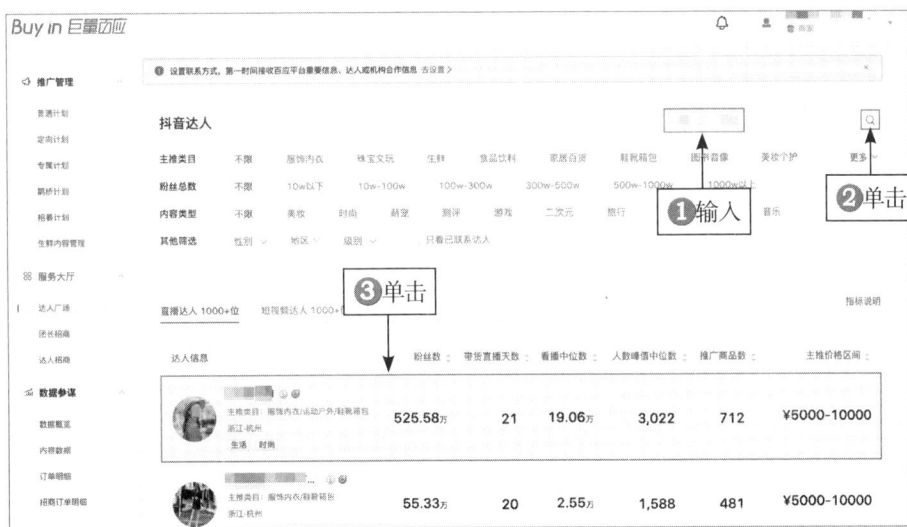

图 8-3　单击搜索结果中对应抖音号所在的区域

步骤 04　进入达人信息介绍页面，单击"联系合作"按钮，如图 8-4 所示。

步骤 05　进入合作信息填写面板，❶在该面板中填写相关信息；❷单击"确认联系"按钮，如图 8-5 所示。

图 8-4　单击"联系合作"按钮

图 8-5　单击"确认联系"按钮

8.1.2　报名达人招商活动

抖店后台的"精选联盟"面板中会展示各种招商活动，商家可通过报名招商活动，与达人达成合作。具体来说，商家可通过如下步骤报名达人招商活动。

步骤 01　进入巨量百应平台，❶依次单击"服务大厅"按钮和"招商活动"按钮，进入"招商活动"页面；❷单击页面中的"达人招商"按钮；❸单击对应招商活动后面的"立即报名"按钮，如图 8-6 所示。

步骤 02　进入对应招商活动的详情页面，单击对应商品类目后面的"报名"按钮，如图 8-7 所示。

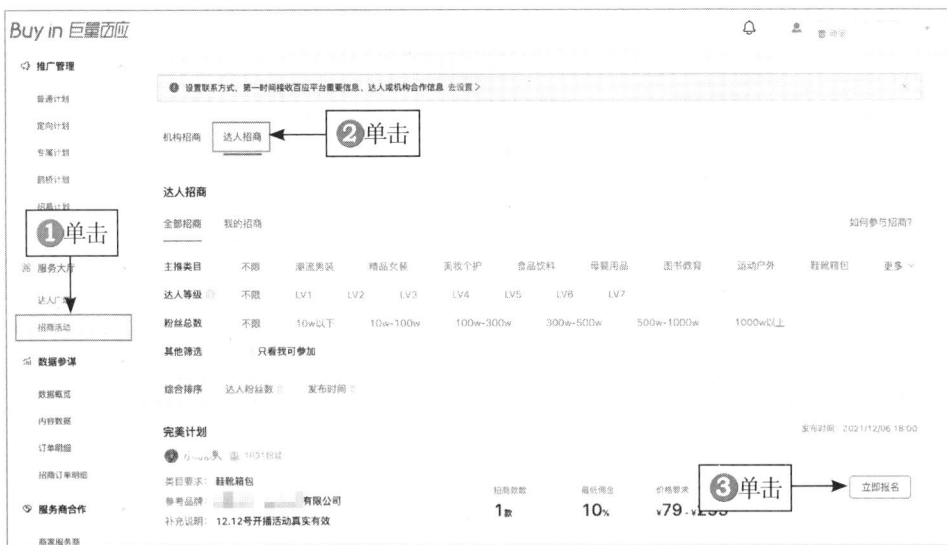

图 8-6　单击"立即报名"按钮

图 8-7　单击"报名"按钮

步骤 03　弹出"商品报名"面板，❶在面板中填写相关信息；❷单击"报名"按钮，如图 8-8 所示。

步骤 04　即可提交招商活动报名信息。达人看到商家的报名信息后，如果对相关商品感兴趣，会与商家联系，寻求合作。

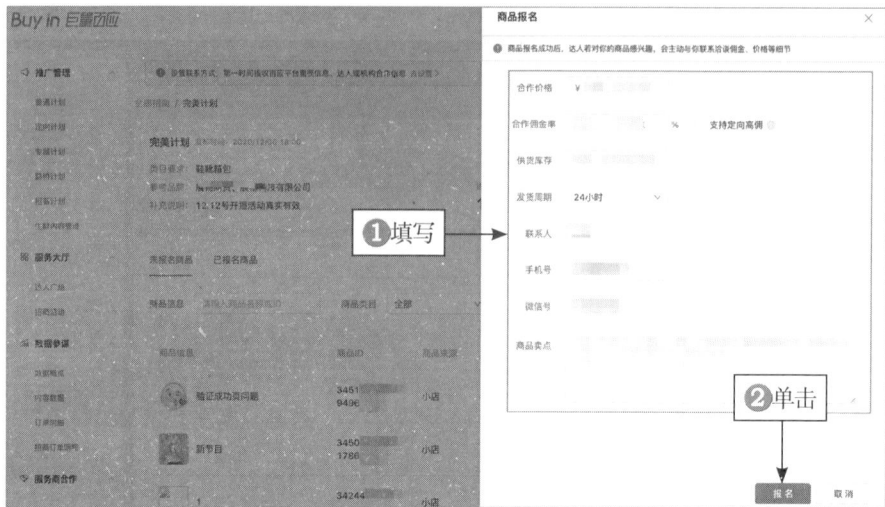

图 8-8　单击"报名"按钮

8.1.3　报名团长招商活动

　　"精选联盟"团长有时候会发布招商活动，而商家则可以通过报名这些招商活动来寻找带货达人。具体来说，❶商家可以依次单击巨量百应平台中的"服务大厅"按钮和"团长招商"按钮，进入"团长招商"页面；❷单击页面中对应招商活动后面的"立即报名"按钮，如图 8-9 所示。

图 8-9　单击"立即报名"按钮

商家只需根据系统提示即可完成招商报名，提交招商信息。如果团长想要与商家合作，会主动联系商家，而且达成合作后，还会根据商家的要求，安排合适的达人进行带货。

8.2　增加合作机会的方法

无论是商家，还是运营者（带货达人），都需要通过与他人合作来增加自身的收益。对此，商家和运营者可通过一定的方法，让潜在合作方看到自己的相关信息，从而增加合作的机会。本节为大家介绍几个增加合作机会的方法。

8.2.1　商家入驻精选联盟

商家要想使用抖音小店精选联盟的相关功能，需要先入驻精选联盟。那么，商家要如何入驻精选联盟呢？下面具体介绍商家入驻精选联盟的操作流程。

> 专家提醒：商家需要达到以下两个条件才能入驻精选联盟。
> （1）关闭权限次数少于 3 次；
> （2）商家体验分大于等于 4 分。

步骤 01　进入抖店平台，单击默认页面上方菜单栏中的"精选联盟"按钮，如图 8-10 所示。

图 8-10　单击"精选联盟"按钮

步骤 02　进入巨量百应平台的"开通精选联盟权限"页面，单击"立即开通"按钮，如图 8-11 所示。

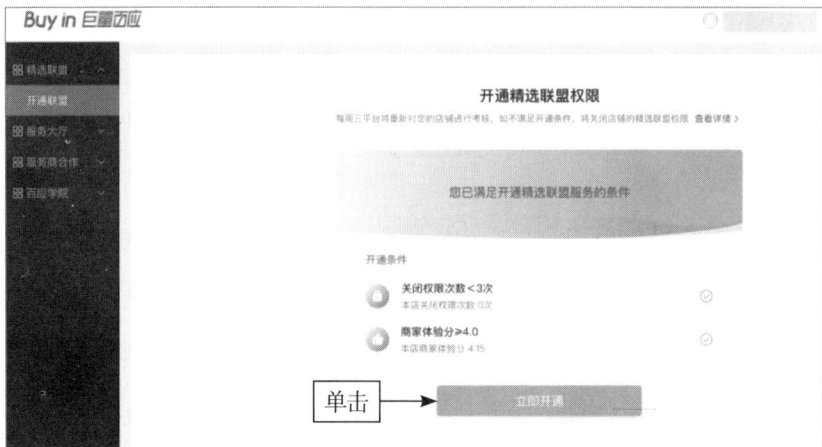

图 8-11 单击"立即开通"按钮

步骤 03 出现开通精选的协议，阅读协议内容，❶选中"我已认真阅读并充分理解本协议及《巨量百应平台隐私策略》并接受其内容和条款。"前方的复选框；❷单击"进入巨量百应 Buyin 平台"按钮，如图 8-12 所示。

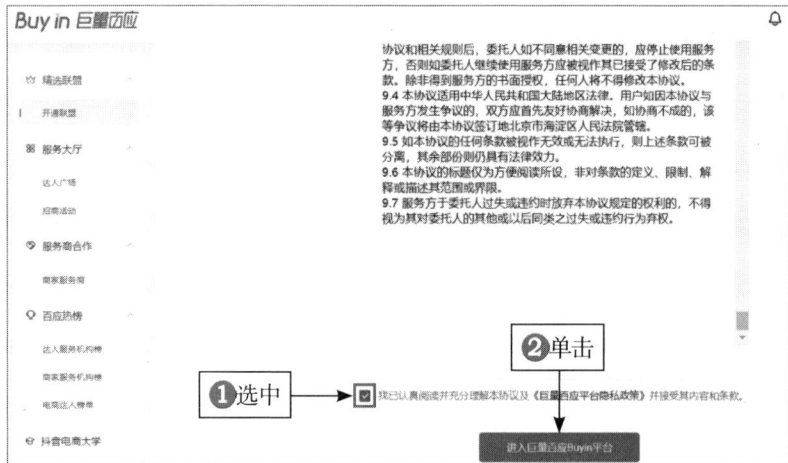

图 8-12 单击"进入巨量百应 Buyin 平台"按钮

步骤 04 完成精选联盟的入驻，并进入精选联盟的默认页面。此时，商家便可以使用精选联盟功能寻找带货达人了。

8.2.2 基地商品入驻精选联盟

如果商家有自己的商品基地，可通过创建计划并提交人工审核申请，将自己基地中的商品入驻精选联盟，具体操作步骤如下。

步骤 01 进入抖店平台的"首页"页面，单击"营销攻略"板块中的"精选联盟"按钮，如图 8-13 所示。

图 8-13 单击"精选联盟"按钮

步骤 02 进入巨量百应平台的"计划管理"板块，❶单击左侧菜单栏中的"普通计划"按钮；❷单击"添加商品"按钮，如图 8-14 所示。

图 8-14 单击"添加商品"按钮

步骤 03 弹出"添加推广商品"面板，单击对应商品后面的"申请验货"按钮，申请人工验货，如图 8-15 所示。

合作推广：帮助商品获得长期的曝光

图 8-15　单击"申请验货"按钮

步骤　04　进入"商品信息申请"页面，如图 8-16 所示。在该页面中填写相关信息，并单击下面的"提交申请"按钮。

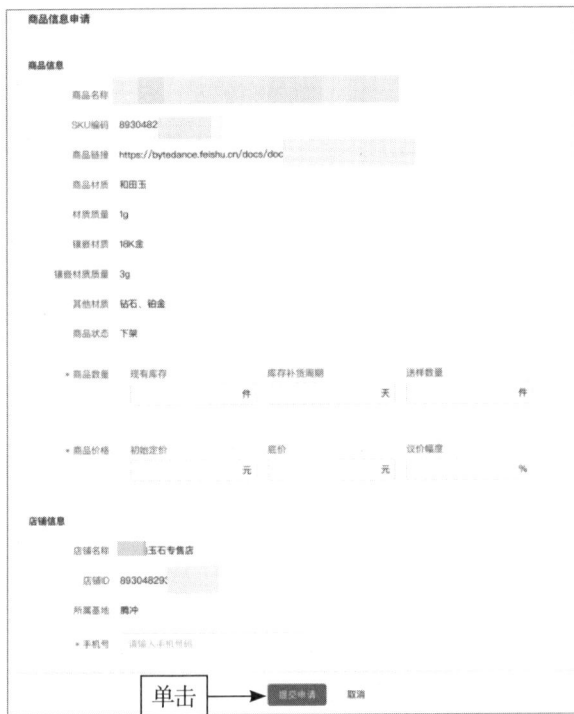

图 8-16　"商品信息申请"页面

步骤　05　如果页面中显示"已通过"，说明基地商品入驻成功，如图 8-17 所示。基地商品入驻成功后，达人可以在精选联盟中找到该商品，并为其进行带货。

图 8-17　基地商品入驻成功

8.2.3　发布招商合作

运营者可通过抖音 App 发布"精选联盟"的招商合作信息，让合适的商家主动与你取得联系，具体操作步骤如下。

步骤 01　点击"商品橱窗"界面中的"招商合作"按钮，如图 8-18 所示。

步骤 02　跳转的界面中会出现"我的联系方式"面板，❶在该面板中填写联系方式和验证码；❷点击"立即提交"按钮，如图 8-19 所示。

图 8-18　点击"招商合作"按钮

图 8-19　点击"立即提交"按钮

合作推广：帮助商品获得长期的曝光

步骤 03 "我的招商"界面中会显示"手机号和微信号已提交"，如图 8-20 所示。

步骤 04 点击"我的招商"界面中的"＋招商"按钮，如图 8-21 所示。

图 8-20 显示"手机号和微信号已提交"　　图 8-21 点击"＋招商"按钮

步骤 05 进入"发布招商"界面，❶在界面中填写招商的相关信息；❷点击"发布"按钮，如图 8-22 所示。

步骤 06 返回"我的招商"界面，如果此时界面中出现招商的相关信息，说明"精选联盟"招商发布成功，如图 8-23 所示。

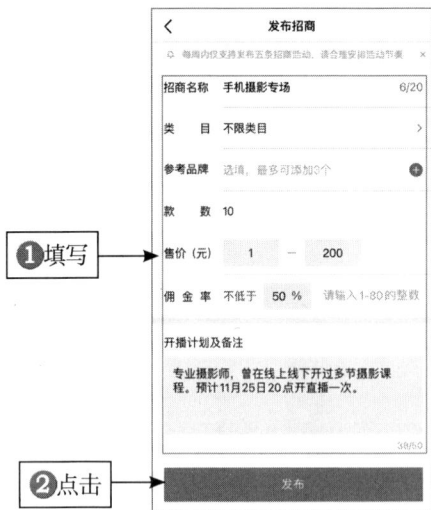

图 8-22 点击"发布"按钮　　　　图 8-23 "精选联盟"招商发布成功

8.2.4 发布合作邀约

商家可以主动寻找达人，并给合适的达人发布合作邀约。具体来说，商家可通过如下步骤发布合作邀约。

步骤 01 进入巨量百应平台，依次单击"达人合作"按钮和"达人广场"按钮，进入"达人广场"页面。根据需求在该页面中筛选达人，单击对应达人抖音号所在的区域，进入达人信息介绍页面，单击"发送邀约"按钮，如图 8-24 所示。

图 8-24 单击"发送邀约"按钮（1）

步骤 02 ❶在弹出的面板中填写"合作优惠""联系方式"和"合作说明"等信息；❷单击"发送邀约"按钮，如图 8-25 所示。

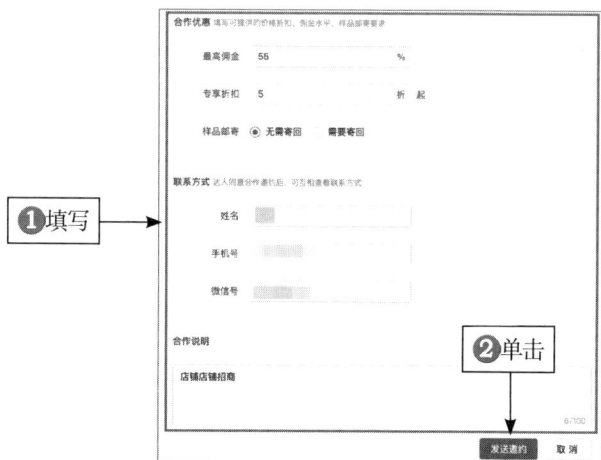

图 8-25 单击"发送邀约"按钮（2）

步骤 03 可向对应达人发送合作邀约。如果达人对邀约信息比较感兴趣，会与商家联系，就合作的相关事宜进行协商。

8.2.5 增加商家的体验分

很多运营者在通过"精选联盟"平台带货时，都会查看"商品推广信息"界面中的商家体验分，并选择体验分相对较高的店铺进行合作。例如，在某店铺销售的某款拖鞋的推广信息界面中，可看到商家体验分为5.00，向上滑动界面，还可以看到该商家的商品、物流和服务体验分，如图8-26所示。

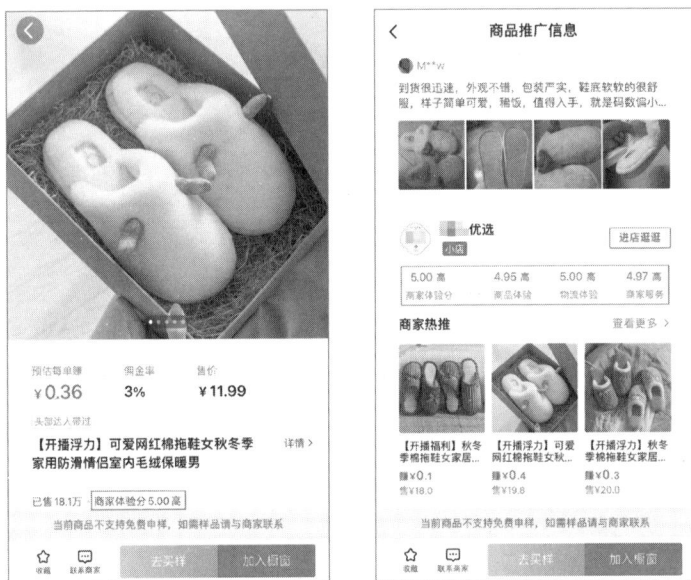

图 8-26 某款拖鞋的"商品推广信息"界面

专家提醒：通常来说，在抖音"精选联盟"平台中，有多个店铺销售同一种商品。运营者在选择商品时，会综合考虑这些店铺的各项评分，然后选择其中评分相对较高的店铺进行合作。因为用户在抖音中购物时，也会将店铺的评分作为一个重要的参考因素，如果店铺评分比较低，用户会觉得购买的商品得不到保障。

对于商家来说，体验分越高就越能获得运营者的信任，所以想办法提高自身的体验分非常重要。当然，商家要想提高体验分，还要先了解体验分的评分标准。对此，抖音电商学习中心列出了商家体验分的评分细则表格，如图8-27所示。商家可以根据该细则，有针对性地调整运营方案，提高自身的体验分。

评分维度及权重	细分指标	指标定义	考核周期
商品体验（50%）	商品差评率	商品差评率=商品差评量/物流签收订单量 *有物流签收信息的订单考核物流签收订单量，无物流签收信息的订单考核确认收货订单； *仅考核首次评价数据	近90天物流签收数据
	品质退货率	品质退货率=店铺商品品质、物流问题退货退款（包含退货退款+仅退款）订单量/店铺支付订单量	前15-104天品质退货数据
物流服务（15%）	揽收及时率	揽收及时率 =（订单揽收时间-订单支付时间）<X小时的订单量/揽收订单量 *预售订单、无需发货订单不参与计算 *分别考核24H、24-36H、36-48H揽收率，加权计算	近90天揽收订单数据
	订单配送时长	订单配送时长 =全部（订单签收时间-订单揽收时间）/签收订单量	近90天签收订单数据
服务态度（35%）	投诉率	投诉率=店铺问题投诉量/店铺支付订单量	前15-104天投诉数据
	纠纷商责率	纠纷商责率=售后申请完结的订单中判定为商家责任的售后仲裁单数/总售后完结数	近90天售后完结订单数据
	IM3分钟平均回复率	IM3分钟平均回复率=3分钟内客服已回复会话量/用户向人工客服发送会话量 *考核范围：发起时间在8:00:00-22:59:59期间发起的会话量	近90天人工客服会话量
	仅退款自主完结时长	仅退款自主完结时长=仅退款的每条售后单等待商家操作时间总和/对应售后单量 *等待商家操作时间为：消费者申请退款到商家确认的时间	近90天售后完结订单数据
	退货退款自主完结时长	退货退款自主完结时长=售后单里退货退款、换货的每条售后单中等待商家操作的时间总和/对应的售后量 *等待商家操作时间为：【消费者申请退货到商家确认】+【商家退货物流签收到商家确认】时间之和。	近90天售后完结订单数据

图 8-27　商家体验分的评分细则表格

由图 8-27 可以看出，商家体验分主要从“商品体验”“物流服务”和“服务态度”三个方面进行评分。为了让商家更好地理解评分方法，抖音电商学习中心还对这三个方面的分值来源进行了补充说明，如图 8-28 所示。

- 商品体验：分值来源于近90天的商品差评率和品质退货率，并根据商家某基础单项指标在所处行业的综合排名计算得出，日期越近的数据对分数的影响越大；
- 物流服务：分值来源于近90天的揽收及时率和订单配送时长，并根据商家某基础单项指标在所处行业的综合排名计算得出，日期越近的数据对分数的影响越大；
- 服务态度：分值来源于近90天的服务好评率、投诉率、纠纷商责率、IM3分钟平均回复时长、仅退款自主完结时长、退货退款自主完结时长，并根据商家某基础单项指标在所处行业的综合排名计算得出，日期越近的数据对分数的影响越大。

图 8-28　商家体验分的分值来源补充说明

8.2.6　抖 Link 官方选品会

抖音电商精选联盟平台中有一个“抖 Link（连接）大会”板块，商家和运营者可以参加该板块中的相关会议，与潜在合作方接触，从而增加合作的机会。例如，运营者可以通过如下步骤参加“抖 Link 大会”中的相关会议。

步骤　01　进入巨量百应平台，单击默认页面上方菜单栏中的“精选联盟”按钮，如图 8-29 所示。

图 8-29　单击"精选联盟"按钮

步骤　02　进入抖音电商精选联盟达人版平台，❶依次单击该平台中菜单栏中的"撮合活动"按钮和"抖 Link 大会"按钮，进入"抖 Link"页面；❷单击对应会议信息后面的"前往会场"按钮，如图 8-30 所示。

图 8-30　单击"前往会场"按钮

步骤　03　查看对应会场的相关信息。如果运营者确定要参加该会议，可以单击页面上方的"立即报名"按钮，如图 8-31 所示。

步骤　04　只需根据系统提示填写并提交报名信息，即可报名参加对应的会

议。如果报名申请通过了，"活动报名"页面中会显示"报名成功"，如图 8-32
所示。

图 8-31　单击"立即报名"按钮

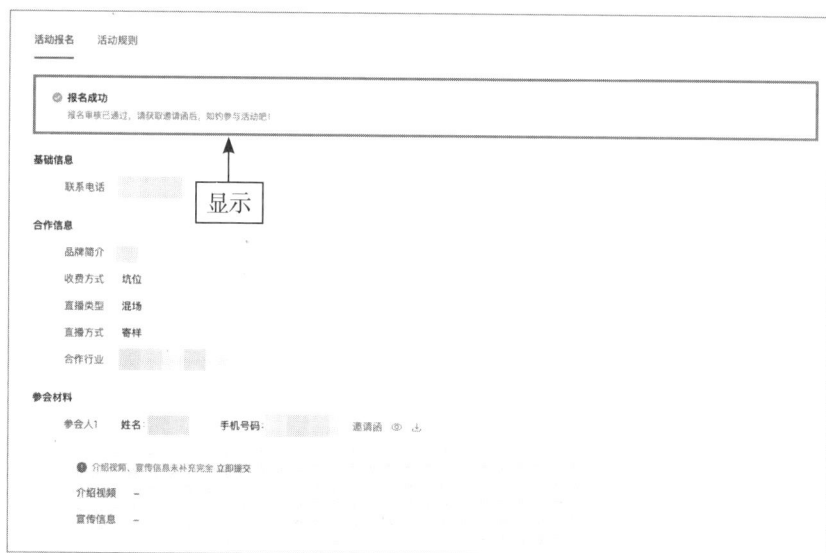

图 8-32　显示"报名成功"

如果是线上会议，报名成功后运营者在进入报名活动页面后，会看到一张
邀请函，如图 8-33 所示。运营者可以单击"下载保存"按钮，下载邀请函，以
备以后使用。

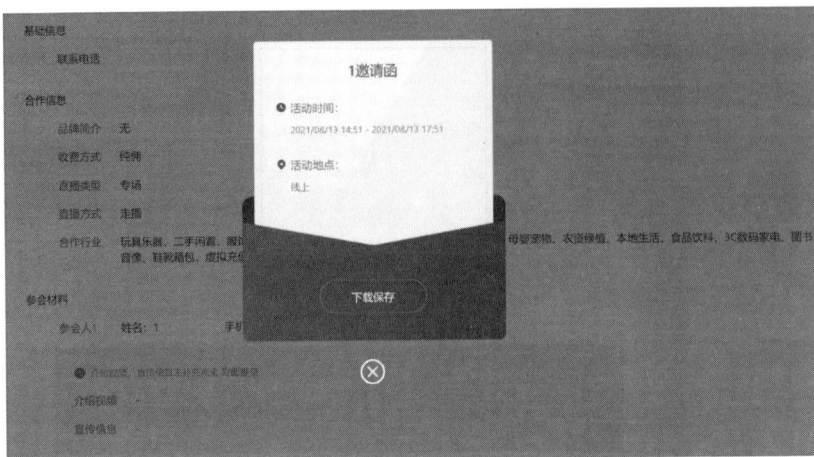

图 8-33　线上会议邀请函

8.3　商家与达人的四种合作方式

商家可以在巨量百应平台中发布四种推广计划与达人进行合作。本节介绍这四种推广计划，帮助大家掌握这些推广计划的创建方法。

8.3.1　普通计划

普通计划就是将商品添加到"精选联盟"中，让所有带货达人都可以使用该商品进行推广带货的一种计划。这种计划的使用场景、合作规则和计划优势，如图 8-34 所示。

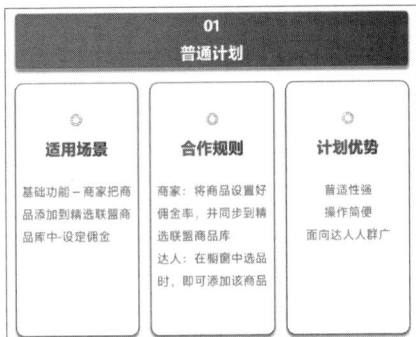

图 8-34　普通计划的适用场景、合作规则和计划优势

那么，商家要怎样创建普通计划呢？商家只需通过如下步骤，即可完成普通计划的创建。

步骤 01 进入巨量百应平台，❶依次单击"计划管理"按钮和"普通计划"按钮，进入"普通计划"页面；❷单击"添加商品"按钮，如图 8-35 所示。

步骤 02 添加参与计划的商品，并设置相关信息，即可完成普通计划的创建。

图 8-35 单击"添加商品"按钮

当然，在创建普通计划时，商家还需要注意以下两点。

（1）单个普通计划最多可添加 20 种商品；

（2）普通计划中的商品佣金率为 1% ～ 50%。

8.3.2 专属计划

专属计划是针对特定达人的一种计划，也就是说，创建这种计划后，只有特定的达人才能参与计划，使用相关商品进行带货。这种计划的适用场景、合作规则和计划优势，如图 8-36 所示。

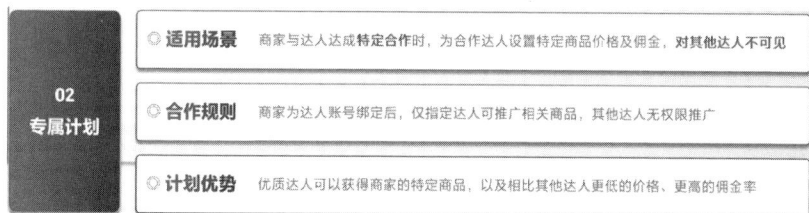

图 8-36 专属计划的适用场景、合作规则和计划优势

那么，商家要如何创建专属计划呢？下面介绍具体的操作步骤。

步骤 01 进入巨量百应平台，❶依次单击"计划管理"按钮和"专属计划"按钮，进入"专属计划"页面；❷单击"添加商品"按钮，如图 8-37 所示。

图 8-37 单击"添加商品"按钮

步骤 02 弹出"添加推广商品"面板，❶选中对应商品前面的复选框；❷单击"确定"按钮，如图 8-38 所示。

图 8-38 单击"确定"按钮

步骤 03 即可创建专属计划。

在创建专属计划的过程中，商家需要注意以下几点。

（1）商家要提前与达人联系，因为创建专属计划时需要填写达人绑定账号的手机号，并通过该手机号获取验证码；

（2）专属计划中的商品支持 0 佣金率，也就是说，专属计划中的商品佣金率为 0 ～ 50%；

（3）专属计划也可设置成定向计划，也就是说，可以在专属计划中给达人定向设置不同比例的佣金。

另外，商家还可以将已参加普通计划的商品，添加到专属计划中，具体操作步骤如下。

步骤 01 进入巨量百应平台，❶依次单击"计划管理"按钮和"普通计划"按钮，进入"普通计划"页面；❷选中对应商品前面的复选框；❸单击"批量设为专属计划"按钮，如图 8-39 所示。

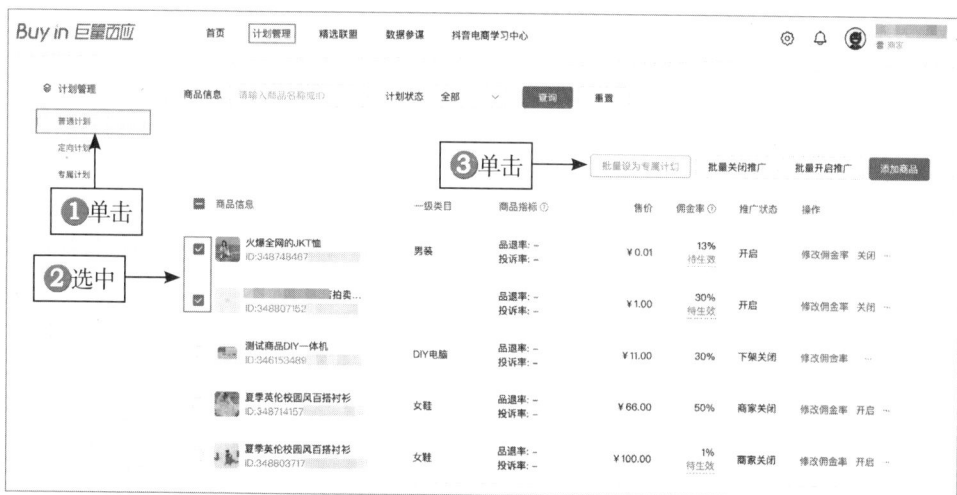

图 8-39 单击"批量设为专属计划"按钮

步骤 02 弹出"批量设为专属计划"面板，商家只需单击面板中的"确定"按钮，如图 8-40 所示，即可将选中的商品添加到专属计划中。

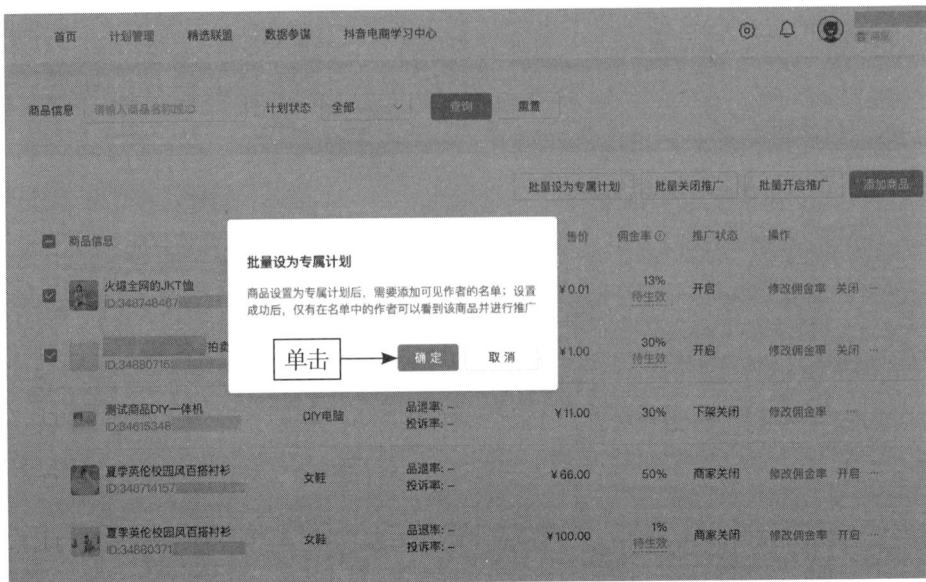

图 8-40　单击"确定"按钮

8.3.3　定向计划

定向计划是为特定达人设置定向佣金率的一种计划，也就是说，参与该计划的达人可以获得区别于其他达人的佣金率。这种计划的适用场景、合作规则和计划优势，如图 8-41 所示。

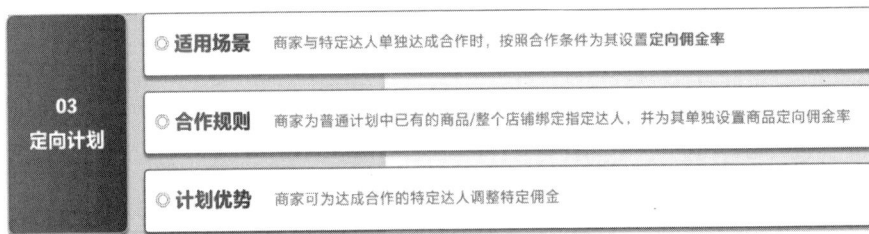

图 8-41　定向计划的适用场景、合作规则和计划优势

那么，商家要怎样为特定达人设置定向计划呢？下面介绍具体的操作方法。

步骤 01　进入巨量百应平台，❶依次单击"计划管理"按钮和"定向计划"按钮，进入"定向计划"页面；❷单击"新建定向计划"按钮，如图 8-42 所示。

步骤 02　进入"新建定向计划"页面，❶设置定向计划的佣金率和生效时间；❷单击"批量填充"按钮；❸单击对应商品后面的"不支持申请"按钮，如图 8-43 所示。

图 8-42　单击"新建定向计划"按钮

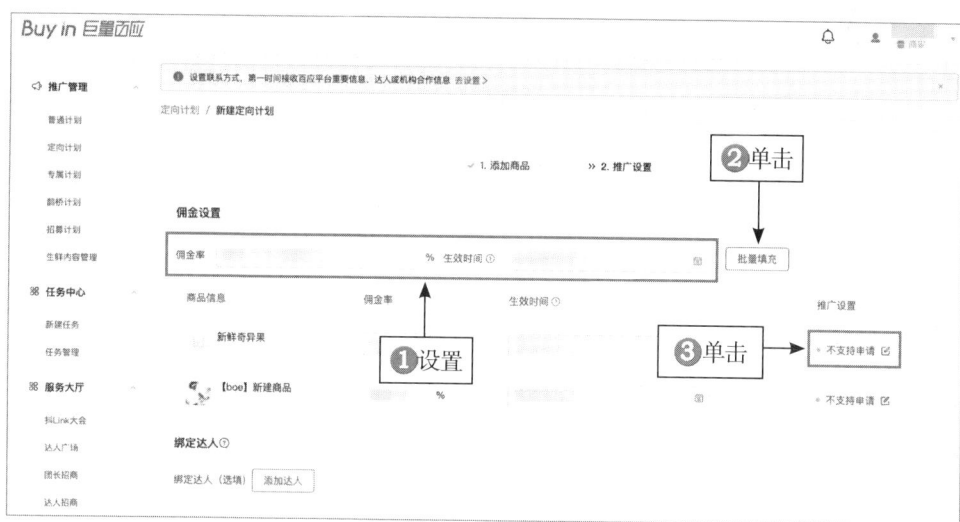

图 8-43　单击"不支持申请"按钮

步骤 03　弹出"推广设置"面板，❶在该面板中设置推广信息；❷单击"确定"按钮，如图 8-44 所示。

步骤 04　返回"新建定向计划"页面，单击"绑定达人"板块中的"添加达人"按钮，如图 8-45 所示。

步骤 05　执行操作后，弹出"添加推广达人"面板，❶在面板中输入账号渠道和达人 UID（User Identification，用户身份证明）；❷单击"识别添加"按钮，如图 8-46 所示。

在创建定向计划的过程中，商家需要注意以下两点。

（1）创建定向计划时需要选择已加入普通计划或专属计划的商品，而且每个定向计划最多添加 10 种商品；

（2）定向计划中的商品支持 0 佣金率，具体来说，这种计划中的商品佣金率为 0 ～ 80%。

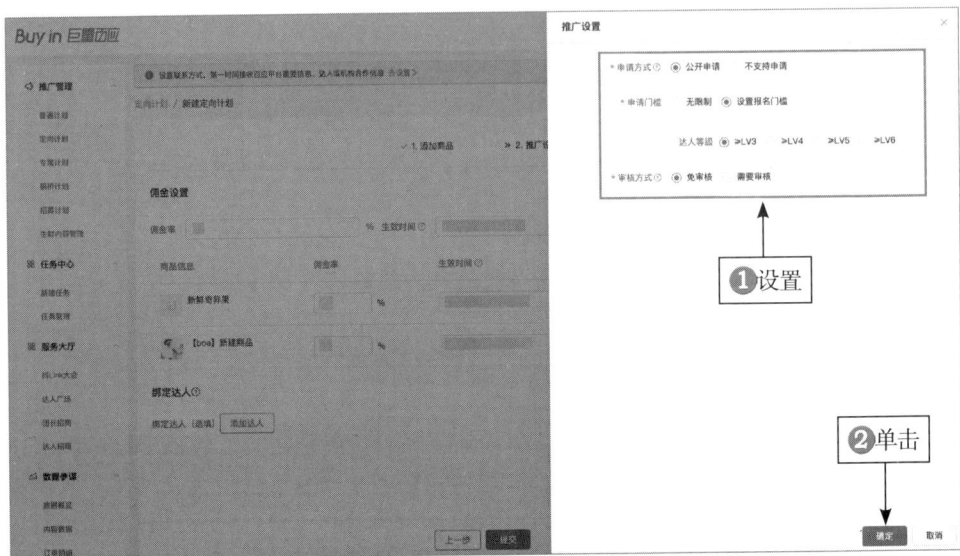

图 8-44　单击"确定"按钮

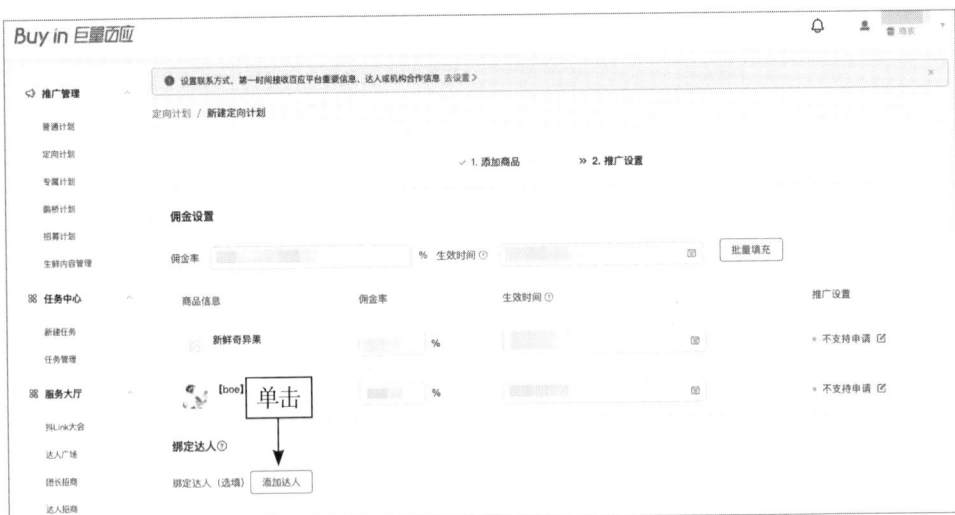

图 8-45　单击"添加达人"按钮

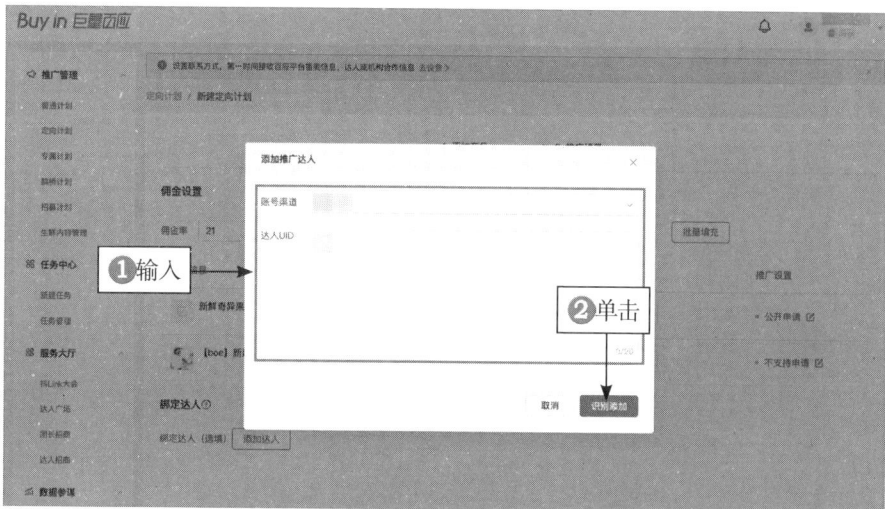

图 8-46　单击"识别添加"按钮

8.3.4　招募计划

除了普通计划、专属计划和定向计划之外，商家还可以参与巨量百应平台的招募计划。下面介绍参与招募计划的方法。

步骤　01　进入巨量百应平台，依次单击"计划管理"按钮和"招募计划"按钮，进入"招募计划"页面，单击对应活动后方的"立即报名"按钮，如图8-47所示。

图 8-47　单击"立即报名"按钮

步骤 02　进入活动报名页，单击对应商品后面的"报名"按钮，如图 8-48 所示。

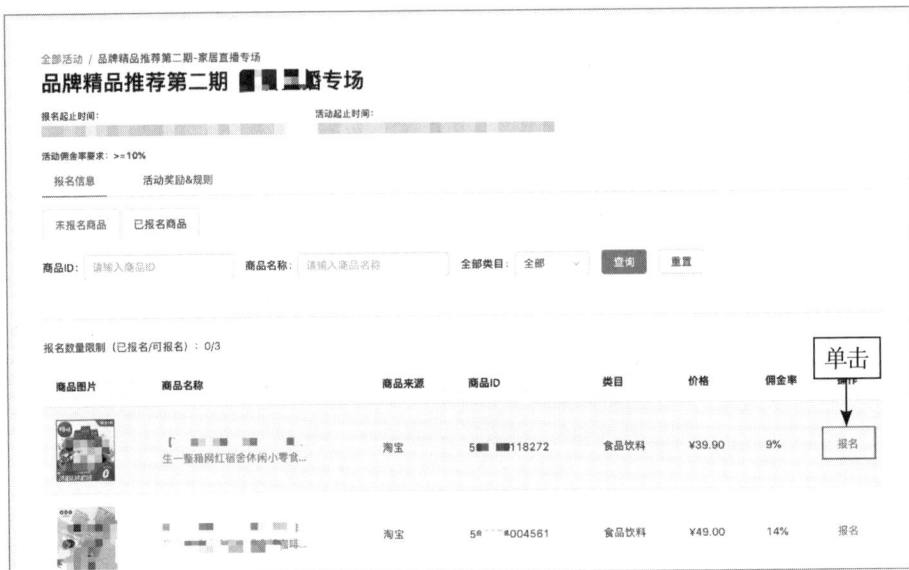

图 8-48　单击"报名"按钮

步骤 03　弹出"商品报名"对话框，❶在该对话框中输入可提供样品数（可提供样品数为 0，表示商家不向达人提供样品）；❷单击"确定"按钮，如图 8-49 所示。

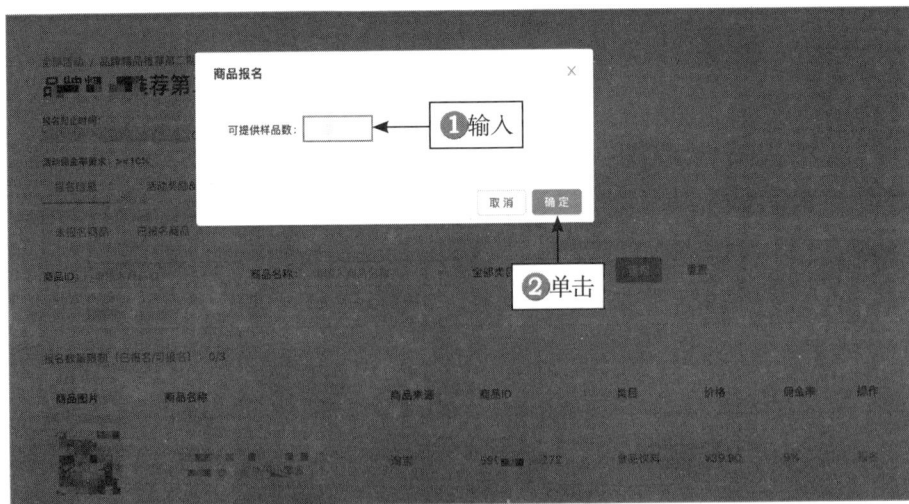

图 8-49　单击"确定"按钮

步骤 04　相关商品即可报名参加招募计划的对应活动。

160

8.4 快速达成合作的技巧

在借助合作推广，增加商品曝光量的过程中，商家和运营者可通过一些技巧快速达成合作，增加合作的成功率。本节为大家介绍一些快速达成合作的技巧。

8.4.1 使用星选撮合工具

星选撮合是巨量百应平台中的一种官方撮合工具，商家使用该工具时，可以在官方小二（平台的客服）的帮助下，高效匹配到合适的达人。具体来说，运营者可通过如下操作，在巨量星图平台中匹配到合适的达人。

步骤 01 进入巨量百应平台的"达人合作"板块，❶依次单击左侧菜单栏中的"撮合活动"按钮和"星选撮合"按钮，进入"达人找我合作"页面；❷单击页面中的"发布合作意向"按钮，如图 8-50 所示。

图 8-50 单击"发布合作意向"按钮

步骤 02 进入"发布合作意向"页面，运营者可以在该页面中填写相应达人和商品信息，也可以单击"一键填写"按钮，如图 8-51 所示，让系统自动填写相关信息。

步骤 03 弹出"确认信息"面板，单击"确认提交"按钮，如图 8-52 所示。

图 8-51　单击"一键填写"按钮

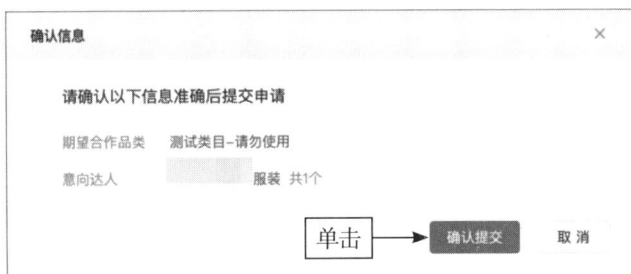

图 8-52　单击"确认提交"按钮

步骤 04　完成意向单的提交，等待达人接收意向单并进行合作。

另外，提交意向单后，商家还可以通过如下操作查看意向单的处理状态。

步骤 01　❶单击"达人合作"页面中的"我找达人合作"按钮，进入"我找达人合作"页面；❷单击"申请中"板块中对应达人账号后面的"查看进度"按钮，如图 8-53 所示。

步骤 02　在弹出的"查看进度"面板中，查看意向单的处理状态，如图 8-54 所示。

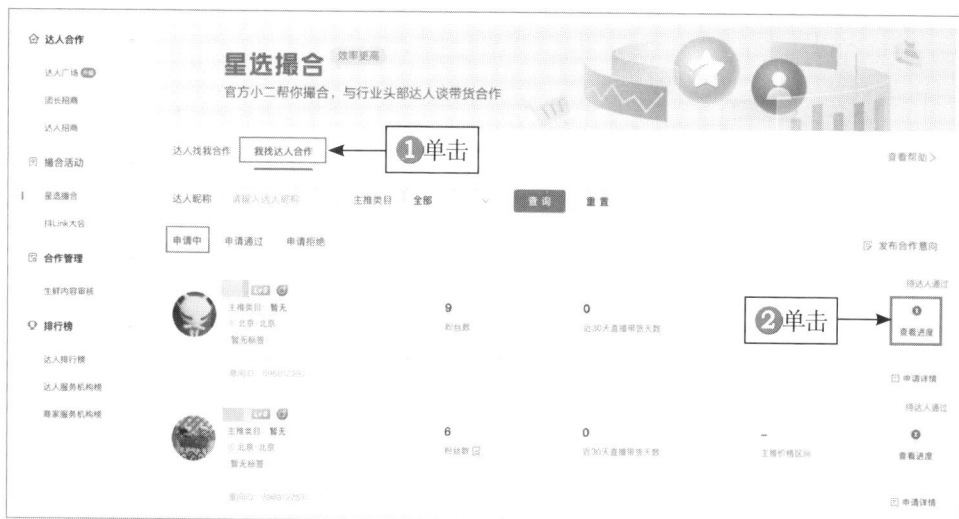

图 8-53　单击"查看进度"按钮

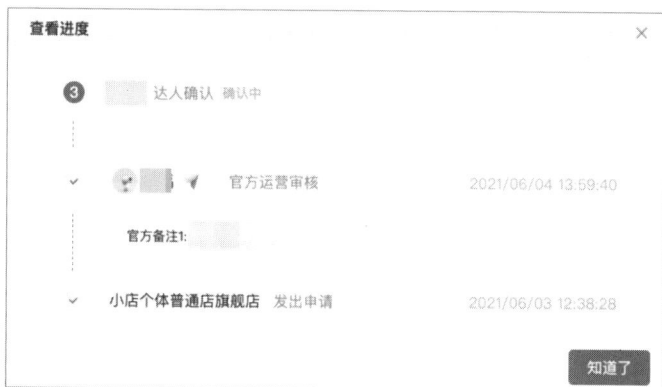

图 8-54　查看意向单的处理状态

8.4.2　使用联盟 IM 在线沟通

"联盟 IM"是"精选联盟"中为商家和运营者提供的一种在线沟通工具，商家和运营者可通过该工具与他人联系，了解对方的合作意向并进行商务谈判，从而快速匹配到合适的合作方。具体来说，运营者可通过如下步骤使用"联盟 IM"，与他人进行沟通。

步骤 01　进入巨量百应平台，单击"选品广场"页面右上方的 💬 图标，如图 8-55 所示。

图 8-55 单击◻图标

步骤 02 进入"合作消息"页面，如图 8-56 所示。运营者可以在该页面中单击对应账号的头像，利用"联盟 IM"查看相关的合作消息，或者向潜在合作方发送合作消息。

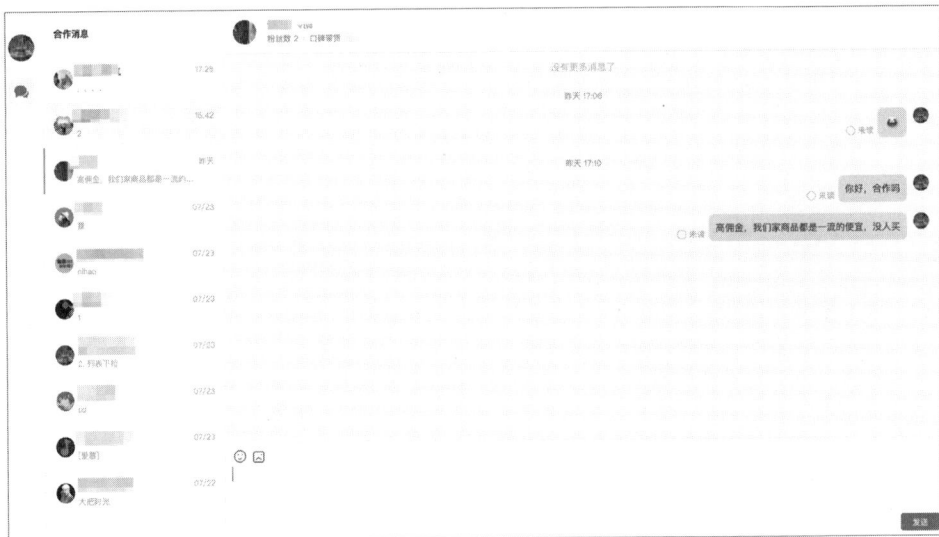

图 8-56 "合作消息"页面

8.4.3 为商品添加产品亮点

所谓"产品亮点"，就是商家通过 100 字以内向达人介绍商品的优势和自身的合作诉求，从而让更多达人愿意与自己合作。具体来说，商家可通过如下步骤添加产品亮点。

步骤 01 在抖音 App 中发布一条商品营销推广短视频，点击短视频播放界面中的 图标，如图 8-57 所示。

步骤 02 在弹出的"私信给朋友"面板中，点击"复制链接"按钮，如图 8-58 所示。

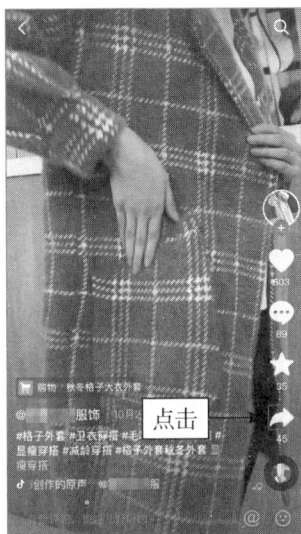

图 8-57 点击 图标

图 8-58 点击"复制链接"按钮

步骤 03 进入巨量百应平台的对应计划界面，如"普通计划"页面，❶单击对应商品后方的 ··· 图标；❷在弹出的面板中单击"设置产品亮点"按钮，如图 8-59 所示。

图 8-59 单击"设置产品亮点"按钮

步骤 04　弹出"设置产品亮点"面板，❶在"文字亮点"输入框中填写产品亮点的相关信息；❷在"视频亮点"输入框中粘贴视频链接，如图8-60所示。

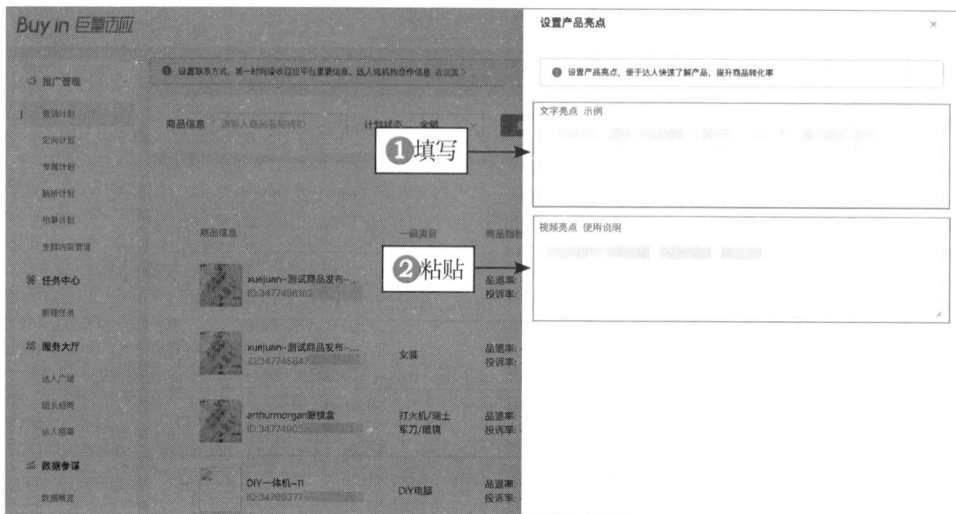

图 8-60　粘贴视频链接

步骤 05　即可为对应商品添加产品亮点。

8.4.4　设置更多联系方式

在寻求合作的过程中，商家和运营者可以尽可能多地设置一些联系方式，让有合作需求的人群可以快速找到你。这样，即便某些联系方式失效了，有合作需求的人群也能与你取得联系。

具体来说，商家和运营者不仅可以在合作信息中展示自己的联系方式，还可以在自身运营的账号中展示自己的联系方式。例如，商家和运营者可以在自己的抖音号中展示电话号码、微信号、QQ号和邮箱等联系方式。

第 **9** 章

爆款选品：
持续打造
"爆款收割机"

在借助"精选联盟"进行带货的过程中，运营者
要重点做好选品。通常来说，选品做得好，商品的销
量会更高，商品也会更容易成为爆款。本章讲解"精
选联盟"选品的相关知识，帮助大家做好选品，让大
家持续打造出爆款。

9.1 精选联盟的选品操作

大部分自身没有商品可以销售的运营者，都会从"精选联盟"中选择商品进行销售。那么，运营者要怎样在"精选联盟"中进行选品操作，又应该怎样将需要的商品添加到自己的橱窗中备用呢？本节重点回答这些问题。

9.1.1 通过淘口令或商品链接查找商品

运营者可通过淘口令或商品链接，在"精选联盟"中查找对应的商品，并将商品添加到商品橱窗中。需要注意的是，在将其他平台的商品添加到商品橱窗之前，运营者先在抖音中绑定对应平台的 PID（Port Identity Document，端口身份标识），否则系统会显示无法添加该平台的商品。图 9-1 所示为未绑定淘宝PID 的提醒。

您还未绑定淘宝客PID，无法添加淘宝商品，请先前往
橱窗->个人信息绑定

仍有问题？查看帮助 >

图 9-1　未绑定淘宝 PID 的提醒

那么，运营者如何在抖音中绑定对应平台的 PID 呢？下面以绑定淘宝 PID 为例，进行具体说明。

步骤 01　进入抖音 App 的"商品橱窗"界面，点击"账号绑定"按钮，如图 9-2 所示。

步骤 02　进入"账号绑定"界面，点击"淘宝 PID"右侧的"未绑定"按钮，如图 9-3 所示。

步骤 03　进入"账号修改"界面，点击右上方的"去淘宝获取"按钮，如图 9-4 所示。

步骤 04　在弹出的"淘宝账号绑定"面板中，点击"确定"按钮，如图 9-5 所示。

图 9-2　点击"账号绑定"按钮

图 9-3　点击"未绑定"按钮

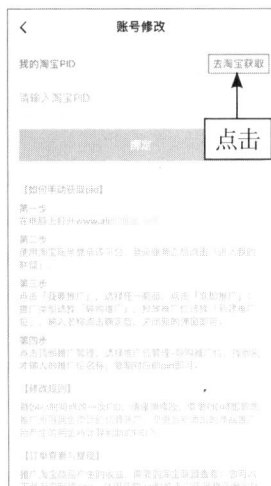

图 9-4　点击"去淘宝获取"按钮

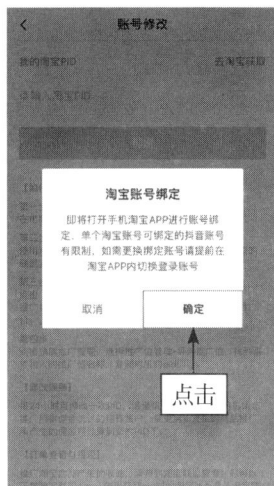

图 9-5　点击"确定"按钮

步骤 05　进入"首页"界面，❶选中"我已阅读并同意以下协议："复选框；❷点击"绑定"按钮，如图 9-6 所示。

步骤 06　进入"新增备案"界面，❶在界面中填写相关信息；❷点击"完成绑定"按钮，如图 9-7 所示。

步骤 07　界面中会出现倒计时，并显示"正在等待平台审核返回结果 ..."，如图 9-8 所示。

步骤 08　倒计时结束后，选择界面中的"请选择推广位"选项，如图 9-9 所示。

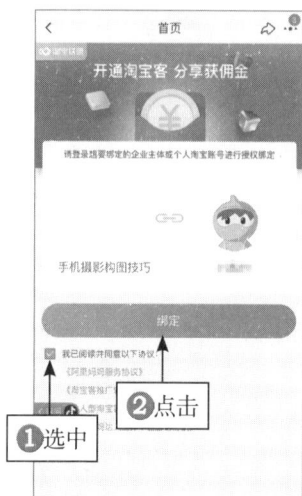

图 9-6　点击"绑定"按钮

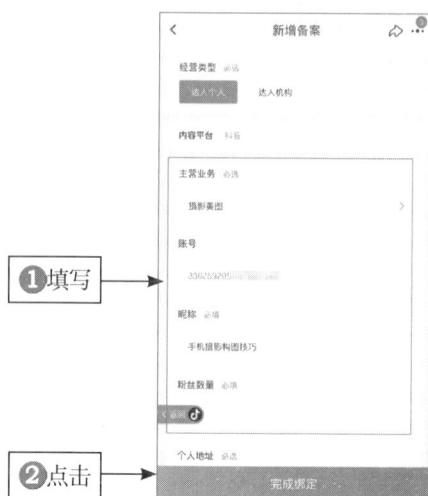

图 9-7　点击"完成绑定"按钮

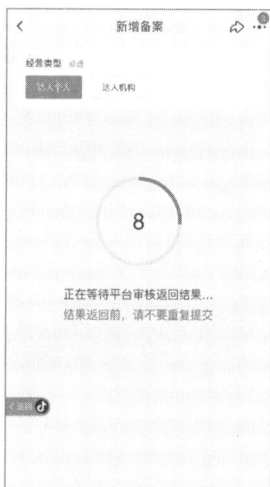

图 9-8　显示"正在等待平台审核返回结果…"

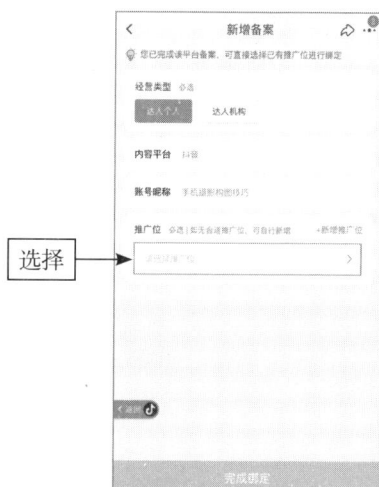

图 9-9　选择"请选择推广位"选项

步骤 09　进入"选择推广位"界面，❶选中对应 PID 所在位置的复选框；❷点击"确定所选推广位"按钮，如图 9-10 所示。

步骤 10　自动返回"新增备案"界面，并且界面中会出现 PID 的相关信息，点击界面下方的"完成绑定"按钮，如图 9-11 所示。

步骤 11　自动返回"首页"界面，并且界面中会显示"绑定成功"，如图 9-12 所示。

步骤 12　返回抖音 App 的"账号修改"界面，如果界面中显示淘宝 PID，说明"淘宝 PID"绑定成功，如图 9-13 所示。

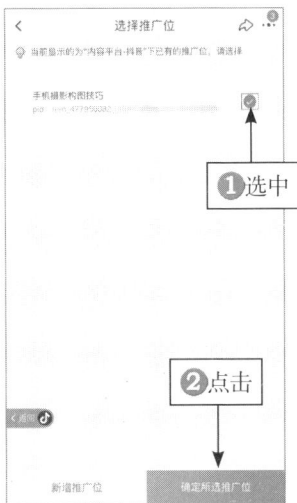

图 9-10　点击"确定所选推广位"按钮

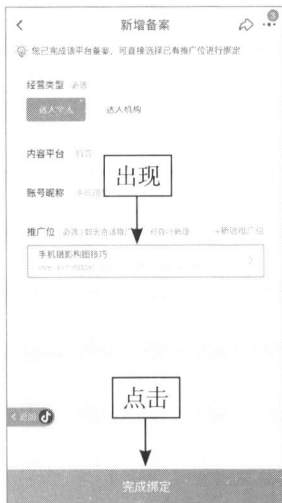

图 9-11　点击"完成绑定"按钮

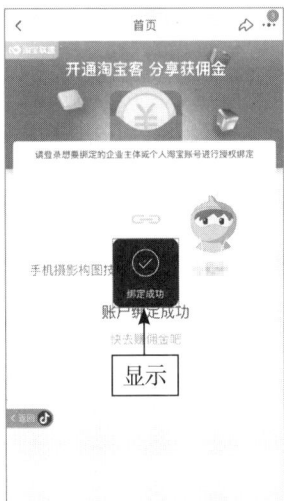

图 9-12　显示"绑定成功"

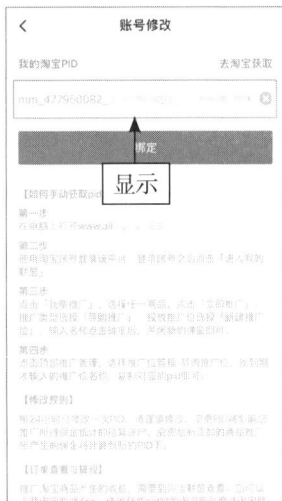

图 9-13　"淘宝 PID"绑定成功

另外，如果运营者返回"账号绑定"界面，会看到"淘宝 PID"后面显示"已绑定"，如图 9-14 所示。

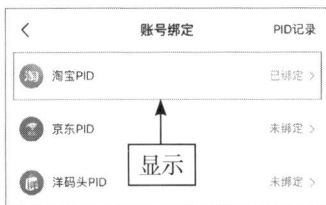

图 9-14　"淘宝 PID"后面显示"已绑定"

绑定淘宝 PID 之后，运营者可以将满足条件的淘宝商品添加到自己的商品橱窗中，具体操作步骤如下。

步骤 01　进入淘宝平台中对应商品的详情界面，点击 ⌃ 图标，如图 9-15 所示。

步骤 02　在弹出的面板中点击"复制链接"按钮，如图 9-16 所示。

图 9-15　点击 ⌃ 图标

图 9-16　点击"复制链接"按钮

步骤 03　界面中会显示"淘口令已复制，快去粘贴吧～"，如图 9-17 所示。此时，运营者可以去抖音 App 中粘贴口令，查找对应商品。

步骤 04　进入"抖音电商精选联盟"界面，点击"链接"按钮，如图 9-18 所示。

步骤 05　进入"链接添加"界面，界面中出现一个面板，点击"查看详情"按钮，如图 9-19 所示。

步骤 06　界面中出现对应商品的相关信息，点击该商品信息中的"加橱窗"按钮，如图 9-20 所示。

步骤 07　如果界面中显示"已加入橱窗，您可在发布视频时添加橱窗的商品进行推广"，说明该商品已成功添加到橱窗中，如图 9-21 所示。如果运营者有需要，可以在短视频中添加该商品的链接，通过带货来获得收益。

图 9-17　显示"淘口令已复制，快去粘贴吧～"

图 9-18　点击"链接"按钮

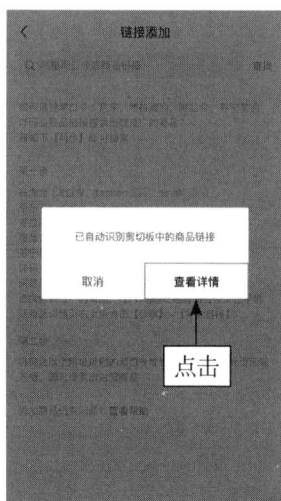

图 9-19　点击"查看详情"按钮

图 9-20　点击"加橱窗"按钮

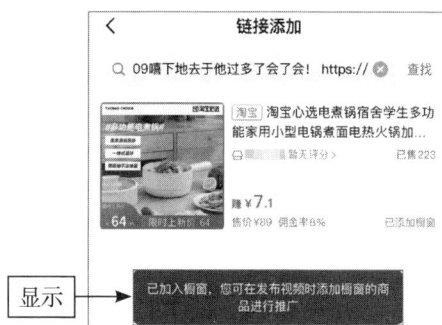

图 9-21　商品已成功添加到橱窗中

专家提醒：本节以添加淘宝商品为例进行说明，如果运营者要添加其他平台的商品，也需要先绑定对应平台的 PID，然后再通过商品链接的复制、粘贴，查找并添加商品。

9.1.2　通过搜索快速查找和添加商品

有的运营者在选择商品时已经明确了要添加的商品名称。此时，运营者可通过"抖音电商精选联盟中"的搜索功能快速查找和添加商品，具体操作步骤如下。

步骤 01　进入抖音 App 的"抖音电商精选联盟"界面，点击搜索框，如图 9-22 所示。

步骤 02　❶在搜索框中输入商品名称，如"三脚架"；❷点击"搜索"按钮，如图 9-23 所示。

步骤 03　点击搜索结果中对应商品信息中的"加橱窗"按钮，如图 9-24 所示。

步骤 04　如果界面中显示"已加入橱窗，您可在发布视频时添加橱窗的商品进行推广"，就说明该商品已成功添加到橱窗中，如图 9-25 所示。

图 9-22　点击搜索框

图 9-23　点击"搜索"按钮

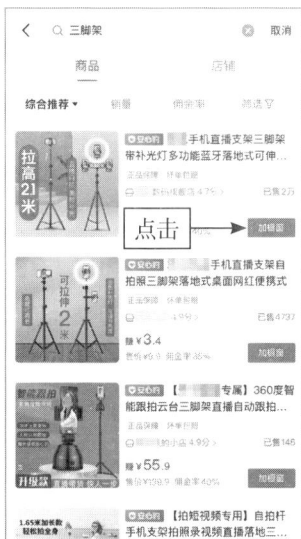

图 9-24 点击"加橱窗"按钮   图 9-25 商品已成功添加到橱窗中

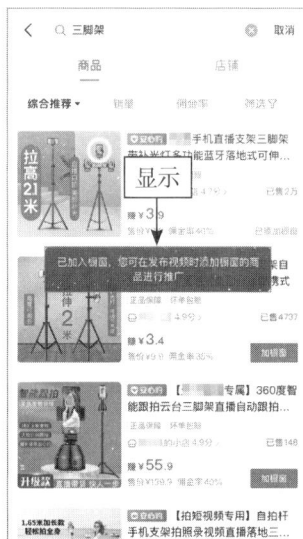

9.1.3 通过商品分类查找和添加商品

"抖音电商精选联盟"中对商品进行分类，运营者可以根据分类查找并添加自己需要的商品，具体操作步骤如下。

步骤 01 进入抖音 App 的"抖音电商精选联盟"界面，❶根据商品类别点击菜单栏中的对应按钮，如"个护清洁"按钮；❷点击下一级分类中的对应按钮，如"衣物清洁"按钮，如图 9-26 所示。

> 专家提醒："抖音电商精选联盟"中的商品种类比较多，因此界面中不能完全显示所有的商品种类。如果运营者在界面中看不到自己需要的商品种类，可以向左滑动菜单栏，查看其他商品种类；也可以点击菜单栏右侧的 ☰ 图标，查看所有的商品种类。

步骤 02 进入"衣物清洁"界面，运营者可以根据自身需求对商品进行筛选。例如，运营者可以点击界面上方的"销量"按钮，查找销量较高的商品，如图 9-27 所示。

> 专家提醒：在"抖音电商精选联盟"界面中搜索商品，或按照分类查找商品时，系统会根据各项数据对商品进行综合排序。当然，如果运营者有需要也可以单独根据某项数据对商品进行排序，选择其中数据较高的商品进行带货。例如，通过分类查找商品时，运营者可以根据销量、佣金、价格的数据，对商品进行排序。

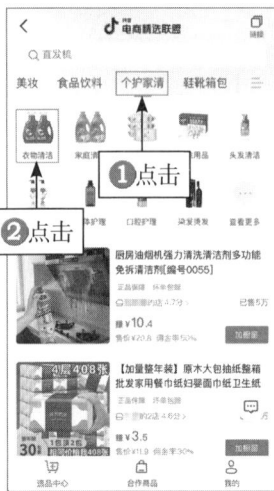

图 9-26　点击"衣物清洁"按钮

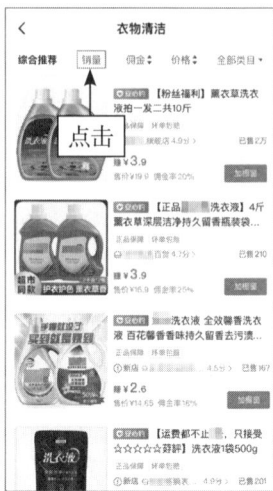

图 9-27　点击"销量"按钮

步骤 03　系统会根据"销量"的高低，对商品进行排序，点击对应商品信息中的"加橱窗"按钮，如图 9-28 所示。

步骤 04　如果界面中显示"已加入橱窗，您可在发布视频时添加橱窗的商品进行推广"，说明该商品已成功添加到橱窗中，如图 9-29 所示。

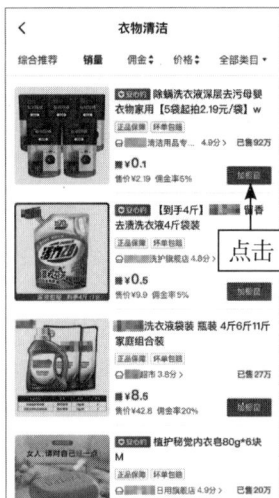

图 9-28　点击"加橱窗"按钮

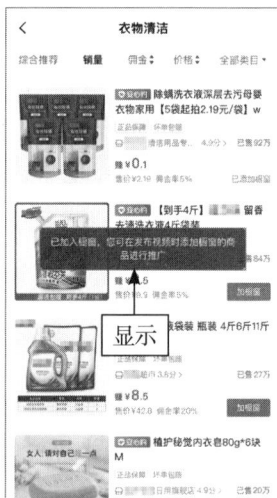

图 9-29　商品已成功添加到橱窗中

9.1.4　通过各种榜单查找和添加商品

"抖音电商精选联盟"中会为运营者提供一些榜单，运营者可通过这些榜单查找和添加商品，具体操作步骤如下。

步骤 01 进入抖音 App 的"抖音电商精选联盟"界面，点击要查看的榜单对应的按钮，如"商家榜单"按钮，如图 9-30 所示。

步骤 02 进入"优选商家榜"界面，点击对应商家的店铺所在的位置，如图 9-31 所示。

步骤 03 进入"店铺详情"界面，点击对应商品信息中的"加橱窗"按钮，如图 9-32 所示。

步骤 04 如果界面中显示"已加入橱窗，您可在发布视频时添加橱窗的商品进行推广"，说明该商品已成功添加到橱窗中，如图 9-33 所示。

图 9-30 点击"商家榜单"按钮

图 9-31 点击对应商家的店铺所在的位置

图 9-32 点击"加橱窗"按钮

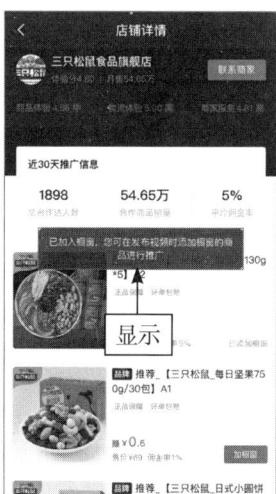

图 9-33 商品已成功添加到橱窗中

第 9 章

爆款选品：持续打造『爆款收割机』

177

专家提醒："优选商家榜"界面中将商家分为"食品生鲜""美妆个护"和"服饰运动"等类别，运营者可以根据自身的需要选择合适的商家类别，并从对应商家的店铺中选择商品进行带货。

9.1.5　通过精选推荐查找和添加商品

"抖音电商精选联盟"界面中有一个"精选推荐"板块，该板块会根据运营者平时浏览的内容和带货的习惯推荐一些商品。运营者可以在"精选推荐"板块中查找并添加需要进行带货的商品，具体操作步骤如下。

步骤 01　进入抖音 App 的"抖音电商精选联盟"界面，向上滑动界面，可看到"精选推荐"板块，点击该板块中某个商品信息中的"加橱窗"按钮，如图 9-34 所示。

步骤 02　如果界面中显示"已加入橱窗，您可在发布视频时添加橱窗的商品进行推广"，说明该商品已成功添加到橱窗中，如图 9-35 所示。

图 9-34　点击"加橱窗"按钮　　图 9-35　商品已成功添加到橱窗中

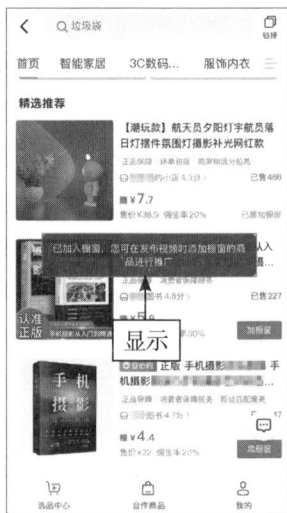

9.1.6　通过合作商品查找和添加商品

"抖音电商精选联盟"界面的下方有一个"合作商品"按钮，如果运营者和商家达成合作，可以点击该按钮，进入"合作商品"界面，从中查找并添加需要进行带货的商品。

9.2 精选联盟的选品技巧

在抖音电商运营的过程中，选品非常关键，只要运营者选对了商品，那么获得的收益也会更加可观。具体来说，选品需要重点做好两个方面的工作，一是了解选品的操作，二是掌握选品的技巧。本节重点讲解选品的技巧，帮助运营者快速选到合适的商品，持续打造爆款。

9.2.1 选对商品的品类

运营者在"精选联盟"中选品时可以先确定商品的品类，品类选对了，自然更容易将商品打造成爆款。那么，运营者要如何选对商品的品类呢？对此，运营者可以借助数据分析平台对对应品类的商品数据进行分析，从中选取更受用户欢迎的品类进行带货。以蝉妈妈抖音版为例，运营者可以通过如下步骤分析对应品类的商品数据。

步骤 01 进入蝉妈妈抖音版的默认页面，依次单击"商品"按钮和"选品库"按钮，如图 9-36 所示。

图 9-36 单击"选品库"按钮

步骤 02 进入"商品"页面，单击页面中对应商品品类的按钮，如"食品饮料"按钮，如图 9-37 所示。

步骤 03 查看"食品饮料"类商品的相关数据，如图 9-38 所示。页面中会对商品的"总销量""直播销量""视频销量"和"浏览量"等关键数据进行展示，运营者可以根据这些数据判断该类商品的受欢迎程度。

步骤 04 单击"日用百货"。即可查看"日用百货"类商品的相关数据，如图 9-39 所示。

步骤　05　运营者可以将上述两类商品的相关数据进行对比，然后在"精选联盟"中添加其中数据相对较好的商品品类进行带货。

除了直接查看各商品品类的数据进行选品外，运营者还可以通过对比相关榜单中对应品类的数据进行选品。运营者可通过如下操作，在蝉妈妈抖音版中查看相关榜单的数据。

步骤　01　进入蝉妈妈抖音版的默认界面，依次单击"商品"按钮和"抖音销量榜"按钮，如图 9-40 所示。

> 专家提醒：蝉妈妈抖音版中为用户提供了"抖音销量榜"和"抖音热推榜"两个抖音商品排行榜。除了抖音商品榜外，蝉妈妈平台中还提供了一些淘宝商品榜。运营者可以根据自身需求选择对应的榜单，通过榜单数据的对比来选择带货的品类。

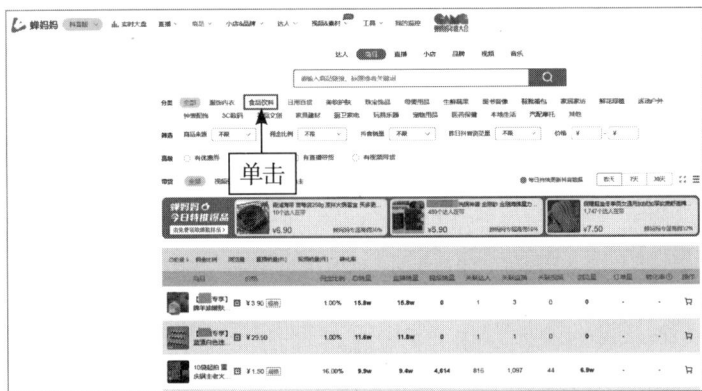

图 9-37　单击"食品饮料"按钮

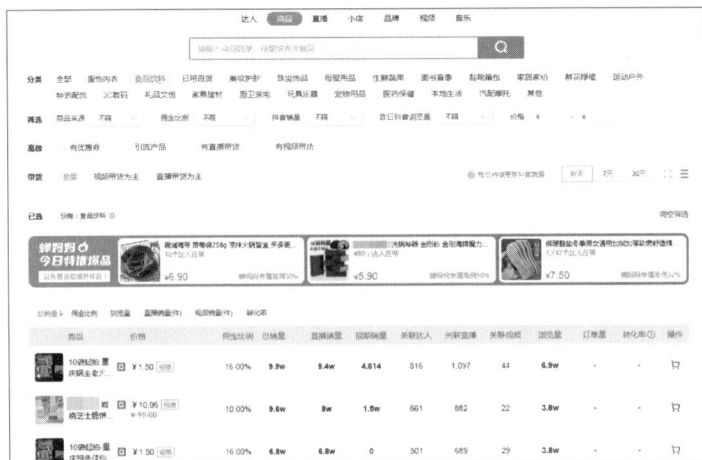

图 9-38　查看"食品饮料"类商品的相关数据

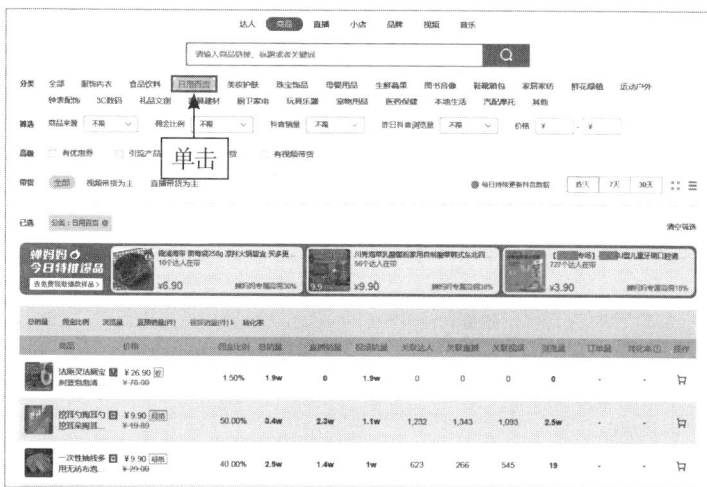

图 9-39　查看"日用百货"类商品的相关数据

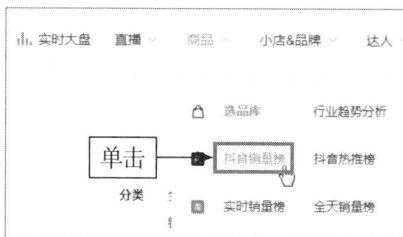

图 9-40　单击"抖音销量榜"按钮

步骤 02　进入"抖音销量榜"界面，单击"食品饮料"按钮，如图 9-41 所示。

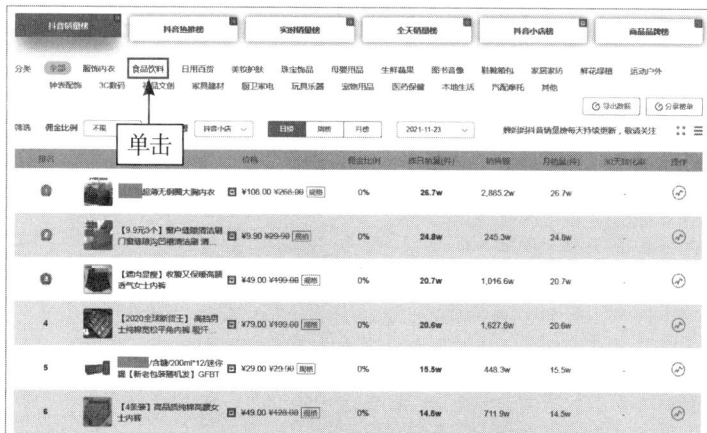

图 9-41　单击"食品饮料"按钮

步骤 03　即可查看"食品饮料"类商品的"抖音销量榜"，该榜单中会展示商品的"昨日销量（件）""销售额"和"月销量（件）"等数据，如图 9-42 所示。

图9-42 查看"食品饮料"类商品的"抖音销量榜"

步骤 04 单击"日用百货"按钮。即可查看"日用百货"类商品的"抖音销量榜",如图9-43所示。

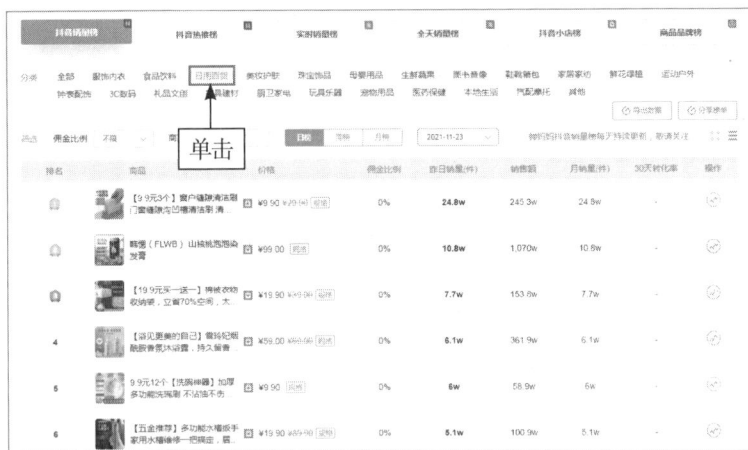

图9-43 查看"日用百货"类商品的"抖音销量榜"

步骤 05 运营者可以根据"抖音销量榜"中的数据,对两类商品进行对比,然后在"精选联盟"中添加其中数据相对较好的商品品类进行带货。

9.2.2 确定具体的商品

运营者可以先通过数据对比确定具体的商品,然后在"精选联盟"中添加对应的商品。具体来说,运营者可通过如下步骤查看数据,并通过数据的对比来确定商品。

步骤 01 进入蝉妈妈抖音版的默认界面，❶在搜索框中输入要带货的商品的名称，如"洗面奶"；❷单击 🔍 图标，如图9-44所示。

图9-44 单击 🔍 图标

步骤 02 系统会根据各项数据自动对洗面奶进行排序，如图9-45所示。

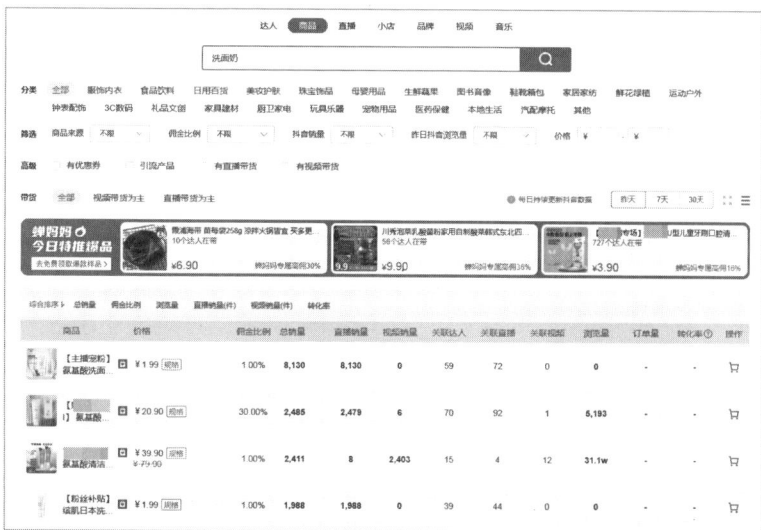

图9-45 根据各项数据自动对洗面奶进行排序

步骤 03 运营者可以根据自身需求对商品进行排序，例如，运营者要通过短视频进行带货，可以单击"视频销量（件）"按钮，根据视频销量对洗面奶进行排序，如图9-46所示。运营者可以根据该销量排序来选择商品，选择其中排名相对靠前的商品进行带货。

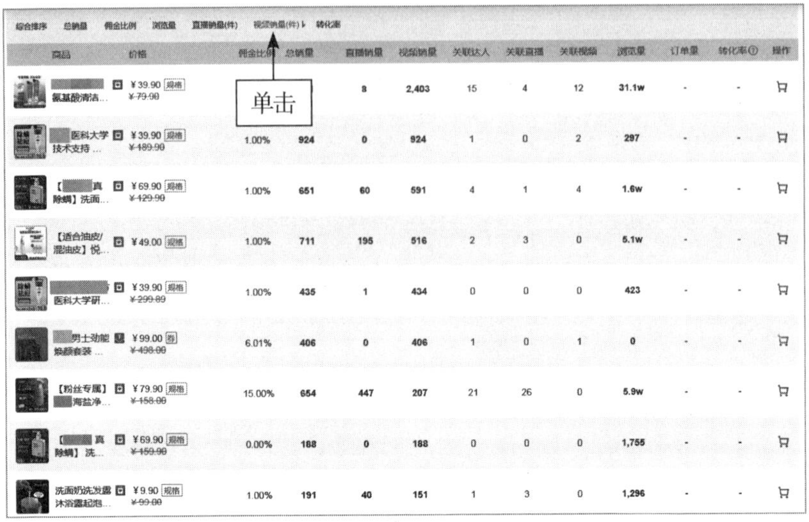

图 9-46　单击"视频销量（件）"按钮

9.2.3　做好商品的更新迭代

为了满足用户多样化的需求，很多商品都会进行升级。对此，运营者需要做好商品的更新迭代，根据用户的需求来选择商品。只有如此，运营者的商品才会受到更多用户的欢迎。

当然，在做商品的更新迭代的过程中，运营者也需要通过数据分析来评估商品，将更受欢迎的新品代替原来的商品。这样既能让提供的商品种类数保持稳定，还能满足更多用户的需求。

9.3　精选联盟的橱窗管理

在通过"精选联盟"进行带货的过程中，运营者很有必要对自己的商品橱窗进行管理。通过对橱窗的管理，运营者可以将具有优势的商品放置在显眼的位置，增加用户的购买欲望，从而达到打造爆款的目的。

通常来说，运营者第一次使用"商品橱窗"功能时，系统会要求开通电商功能。运营者只有开通了电商功能，才能对橱窗中的商品进行管理操作。运营者可通过如下具体步骤，开通电商功能。

步骤 01　打开抖音 App 登录账号，进入"我"界面，点击"商品橱窗"按钮。

步骤 02　进入"开通电商功能"界面，如图 9-47 所示。

步骤 03 向上滑动屏幕，阅读协议的相关内容，确认没有问题后，点击下面的"我已阅读并同意"按钮，如图9-48所示。

步骤 04 如果显示"恭喜你已开通抖音商品推广功能！"就说明电商功能开通成功了，如图9-49所示。

图 9-47 "开通电商功能"界面　　图 9-48 点击"我已阅读并同意"按钮　　图 9-49 电商功能开通成功

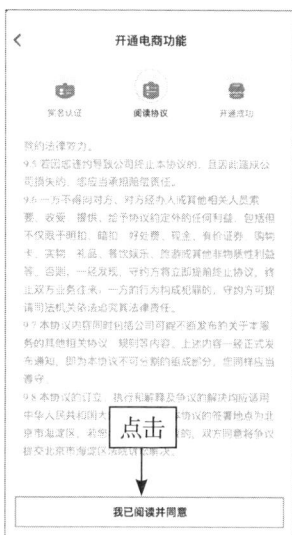

电商功能开通后，运营者可以进行商品橱窗的基本管理。商品橱窗的管理主要可以分为五个部分，即添加商品、更新信息、移除商品、商品置顶和预览橱窗。

9.3.1 添加商品

对于运营者来说，在商品橱窗中添加商品非常关键，因为添加商品的任务如果两个星期内没有完成，相关的权限就会被收回。而且如果运营者要通过短视频和直播带货，也要先在商品橱窗中添加产品。只有这样，才能将对应产品的链接添加至短视频和直播中。

运营者可以去"抖音电商精选联盟"界面中添加商品，添加商品后，如果运营者收到一条完成新手任务的消息，说明添加商品到商品橱窗的任务完成。添加商品的方法在9.1节中已经进行了详细说明，运营者可以根据自身需要，从中选择合适的方法添加商品。

第 9 章

爆款选品：持续打造『爆款收割机』

9.3.2 更新信息

当商品的相关信息发生变化，或者商品的信息需要重新编辑时，运营者可以对商品的信息进行更新。具体操作步骤如下。

步骤 01 进入抖音 App 的"商品橱窗"界面，点击"橱窗管理"按钮，如图 9-50 所示。

步骤 02 进入"橱窗管理"界面，点击对应商品下方的 ☑ 图标，如图 9-51 所示。

图 9-50 点击"橱窗管理"按钮

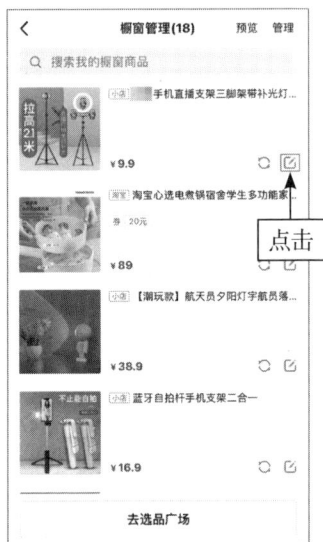

图 9-51 点击 ☑ 图标

步骤 03 进入"编辑商品"界面，❶在该界面中设置"短视频推广标题"和"直播间推广卖点"；❷点击"确认"按钮，如图 9-52 所示。

步骤 04 如果界面中显示"商品信息更新成功"，说明商品的信息更新操作成功，如图 9-53 所示。

运营者也可通过另一种方式来更新商品信息。运营者可以点击对应商品下方的 ◯ 图标，如图 9-54 所示。执行操作后，弹出"更新商品信息"面板，点击"确认"按钮，如图 9-55 所示。执行操作后，即可对商品信息进行和更新。

图 9-52 点击"确认"按钮

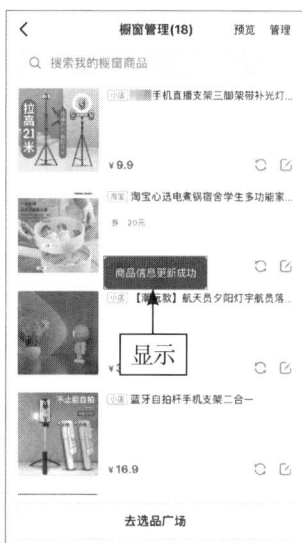

图 9-53 商品信息更新操作成功

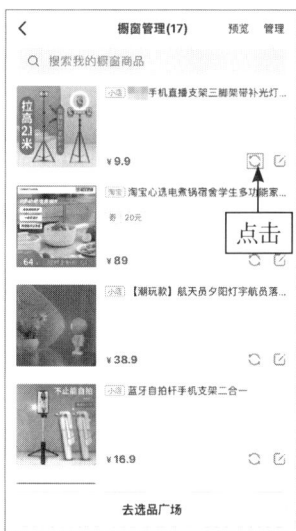

图 9-54 点击○图标

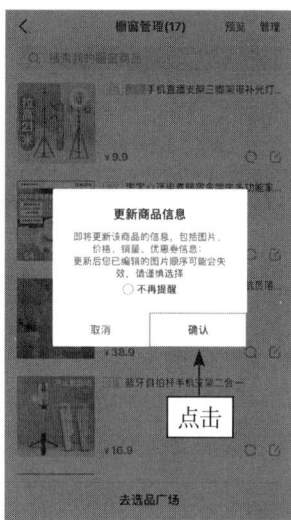

图 9-55 点击"确认"按钮

爆款选品：持续打造『爆款收割机』

9.3.3 移除商品

当商品橱窗中的商品没货了，或者觉得商品橱窗中的某些商品不适合再销售时，运营者就需要进行移除商品的操作。移除商品橱窗中商品的具体操作步骤如下。

步骤 01 进入抖音 App 的"橱窗管理"界面，点击"管理"按钮，如图 9-56 所示。

步骤 02 ❶选中对应的商品；❷点击下方的"删除"按钮，如图 9-57 所示。

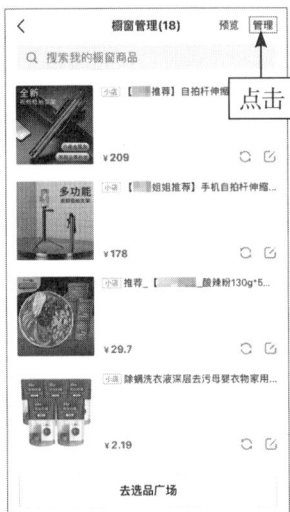

图 9-56 点击"管理"按钮

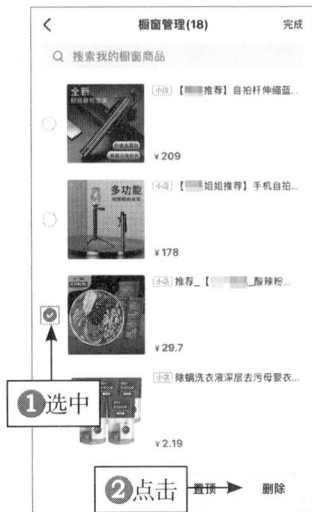

图 9-57 点击"删除"按钮

步骤 03 在弹出的"移除商品"面板中，点击"确定"按钮，如图 9-58 所示。

步骤 04 如果橱窗管理界面中看不到刚刚选中的商品，就说明该商品移除成功了，如图 9-59 所示。

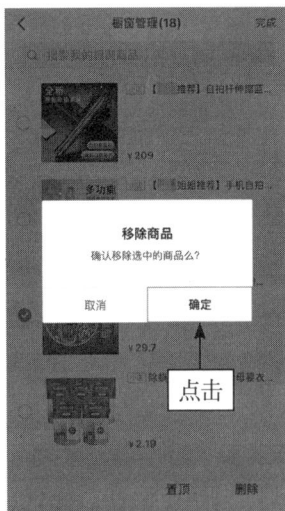

图 9-58 点击"确定"按钮

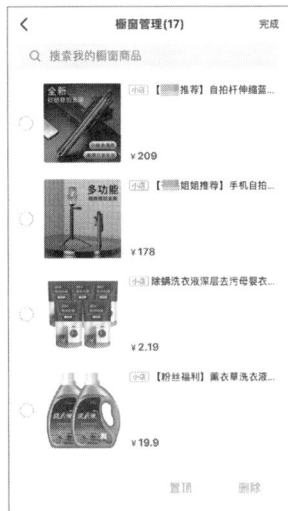

图 9-59 商品移除操作成功

9.3.4　置顶商品

当添加较多的商品时，运营者可通过商品置顶功能，让更多用户看到某个商品。具体操作步骤如下。

步骤 01　进入抖音号的"橱窗管理"界面，❶选中对应的商品；❷点击"置顶"按钮，如图 9-60 所示。

步骤 02　如果界面中显示"已置顶"，并且刚刚选中的商品自动置顶了，说明商品置顶操作成功，如图 9-61 所示。另外，此时运营者点击界面中的"完成"按钮后，商品左侧的圆圈会消失，但刚刚选中的商品还是置顶的。

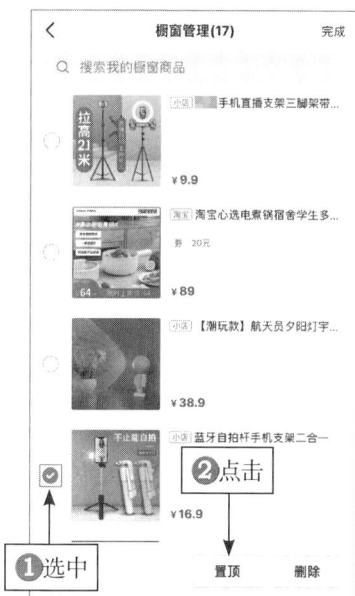

图 9-60　点击"置顶"按钮　　　图 9-61　商品置顶操作成功

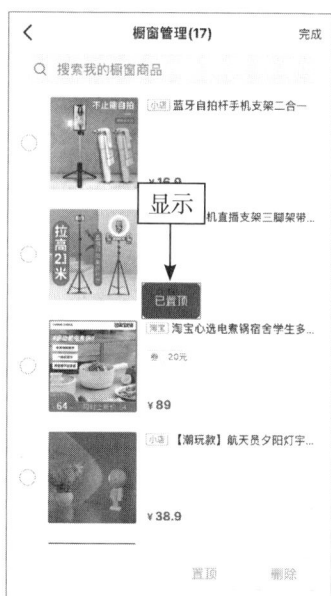

9.3.5　预览橱窗

在商品橱窗中添加商品后，运营者可通过如下步骤预览橱窗，查看橱窗中的商品及商品的销量等信息。

步骤 01　进入抖音 App 的"橱窗管理"界面，点击"预览"按钮，如图 9-62 所示。

步骤 02　进入对应抖音号的推荐橱窗（也就是商品橱窗界面），如图 9-63 所示。该界面中会显示已添加到橱窗中的商品，以及各商品的来源和销量等信息。

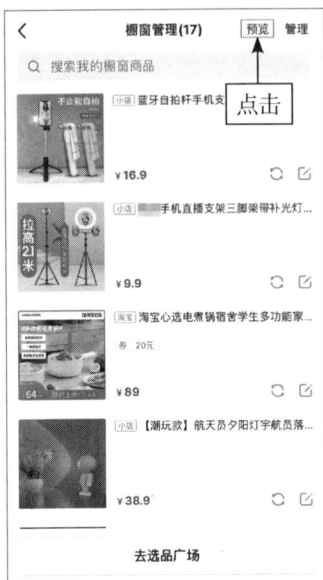

图 9-62　点击"预览"按钮

图 9-63　推荐橱窗

专家提醒：当橱窗中的商品比较多时，运营者还可以点击界面中的"综合排序"按钮，按照一定的条件对橱窗中的商品进行重新排序。

第 **10** 章

佣金收入：
将流量转化
获利最大化

运营者可通过销售"精选联盟"中的商品获得佣金收入，利用自身的流量进行转化获利。本章介绍佣金收入的相关知识，让大家了解"精选联盟"的收益规则、带货数据及佣金收入的结算和提现。

10.1　精选联盟的收益规则

运营者可通过多种方式获得收益，其中比较常见的一种方式就是销售"精选联盟"中的商品来获得佣金收入。当然，在计算佣金收入时，运营者还需要了解"精选联盟"的收益规则，明白相关的费用是如何计算的。

10.1.1　推广费和服务费的结算说明

商家在通过"精选联盟"销售商品时，需要根据销售情况支付一定的推广费和服务费。

对于非精选联盟的订单，抖音平台会按照一定的比例向商家收取技术服务费；而对于精选联盟中的订单，商家除了需要向抖音平台支付技术服务费之外，还需要给推广人员（带货达人或其所在的机构）支付推广费，即佣金费用。而参与"精选联盟"团长招商活动的订单，则还需要向团长支付额外的服务费。

另外，推广费和服务费的结算也有一定条件。具体来说，订单达到并显示确认收货 15 天后，才会进行推广费和服务费的结算，并且抖音平台还可以根据达人和机构等级及经营状况，变更结算条件。

10.1.2　定金预售订单特殊说明

在"精选联盟"中，仅支付定金的预售订单，不计入付款订单数量、付款金额和付款佣金的统计。该订单支付尾款并完结后，将按照定金支付日期的推广费率、佣金率和服务费率计算推广费和服务费。

10.1.3　推广费结算公式和条件

"精选联盟"的推广可分为站内推广和站外推广，推广方式不同，相关费用的结算公式和条件也不同。

1. 站内推广的结算公式和条件

站内推广的结算公式：推广费＝结算基数 × 费率－技术服务费。其中，结算基数＝实付金额＋优惠券（包括主播券和平台券）金额＋支付通道补贴－运费金额；费率可以由商家自行设置；技术服务费则为整个服务费的 10%。

站内推广的结算条件：平台中进行的推广是有效的，而且有订单确认收货超过 15 天。

2. 站外推广的结算公式和条件

站外推广的结算公式：推广费＝结算基数 × 费率。其中，结算基数＝实付金额＋优惠券（包括主播券和平台券）金额＋支付通道补贴－运费金额；费率可以由商家自行设置。

站外推广的结算条件：在站外进行的推广是有效的，而且用户是通过站外推广渠道查看和购买商品的。

10.1.4　退款场景的推广费和服务费

如果发生了订单退款的情况，"精选联盟"的推广费和服务费会根据是否已经结算进行结算。如果订单还未结算，则推广费和服务费无须结算；如果订单已结算，则会从达人和机构的账户余额中扣除。

对于已经结算的推广费，平台有权冻结达人和机构近 15 日已计算推广费的5% 作为预留金，如果出现了售后退款的情况，则会从中返回佣金（冻结金额小于 100 元的不执行）。

10.1.5　第三方平台的商品结算规则

"精选联盟"中的商品可以分为两种：一种来自抖音小店，这类商品可以直接在抖音中完成购买，因此可以将其看成是站内商品；另一种来自其他平台的商品，即第三方平台中的商品。下面介绍第三方平台的商品结算规则。

具体来说，很多第三方平台的商品在"精选联盟"中进行销售并产生佣金之后，需要前往对应的平台进行提现。对于这类商品，"精选联盟"平台既不负责佣金结算，也不收取技术服务费。

> 专家提醒：很多来自第三方平台的商品，在"精选联盟"中进行销售时，结算的规则基本相同，只是进行提现的地方不同。例如，来自京东平台的商品，需要到京东联盟后台进行提现；来自唯品会平台的商品，需要到唯享客 App 中进行提现；而来自苏宁易购平台的商品，则需要到苏宁推客 App 中进行提现。

当然，也有一些费用结算方式不太相同的第三方平台，例如，考拉和网易严选平台中采取的是隔月结算的方式，这两个平台的结算时间为每月的 1—7 日，如果结算时间为节假日，则时间会出现顺延。

另外，这两个平台会根据有无售后纠纷来确定结算时间。具体来说，这两个平台会将上上个月确认收货且无售后纠纷的有效订单的佣金，转入带货达人的可提现金额中。如果订单发生了售后纠纷，那么佣金则会在纠纷解决后的下下个月转入带货达人的可提现金额中。

10.2　查看精选联盟的带货数据

通过"精选联盟"进行带货的过程中，运营者可以查看带货数据，并根据数据判断自身的带货和收益情况。本节为大家讲解"精选联盟"带货数据的一些查看方法。

10.2.1　查看数据概览

运营者可以通过抖音 App 查看带货的数据概览，了解核心指标及趋势变化情况，具体操作步骤如下。

步骤 01　进入抖音 App 的"商品橱窗"界面，点击"数据看板"按钮，如图 10-1 所示。

步骤 02　进入"概览"界面，查看"今日"的成交金额、成交订单数和成交人数等数据，如图 10-2 所示。另外，点击界面中的"昨日""近 7 日"或"近 30 日"按钮，还可查看对应周期的数据概览。

图 10-1　点击"数据看板"按钮

图 10-2　"概览"界面

10.2.2　查看直播数据

除了数据概览之外，运营者还可以在抖音 App 中单独查看直播的带货数据，具体操作步骤如下。

步骤 01　进入抖音 App 的"概览"界面，点击"直播"按钮，即可进入"直播"界面，查看直播的相关数据。点击该界面中的"详情"按钮，如图 10-3 所示，还可以单独查看某场直播的数据。

步骤 02　进入"直播间详情"界面，查看某场直播的带货数据、人气数据、互动数据和用户数据，如图 10-4 所示。

图 10-3　点击"详情"按钮　　　图 10-4　"直播间详情"界面

10.2.3　使用电商罗盘查看数据

除了抖音 App 之外，运营者还可以使用抖音电商罗盘来查看带货数据，具体操作步骤如下。

步骤 01　点击图 10-3 中的"复制地址"按钮，在浏览器的搜索栏中粘贴链接地址，进入"抖音电商罗盘"平台的默认页面，单击"我是达人"按钮，如图 10-5 所示。

步骤 02　选择"请选择您的登录账号"板块中的"抖音账号"选项，如图 10-6 所示。

佣金收入：将流量转化获利最大化

步骤 03 进入"抖音"页面，并且页面中会出现一个二维码，如图 10-7 所示，运营者需要进入抖音 App 的搜索界面扫描该二维码。

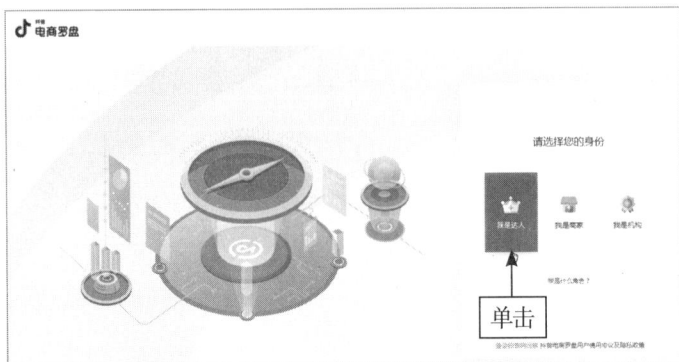

图 10-5 单击"我是达人"按钮

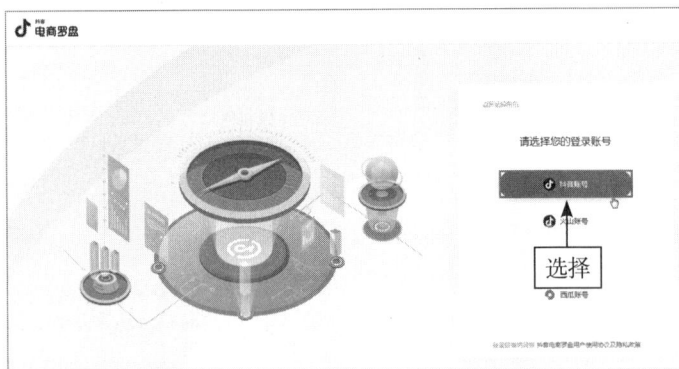

图 10-6 选择"抖音账号"选项

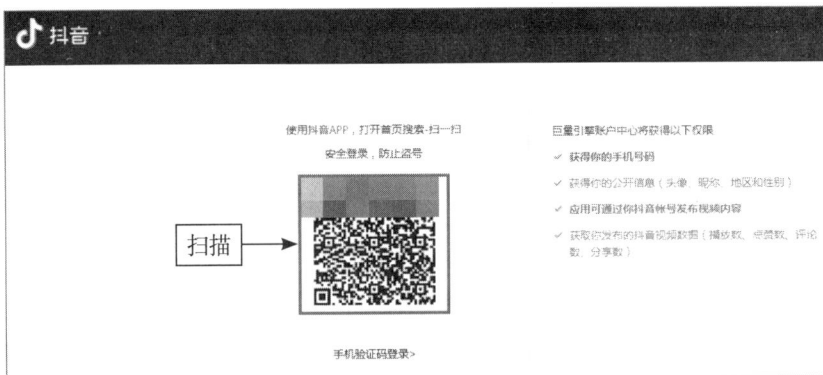

图 10-7 "抖音"页面

步骤 04 扫码完成后，即可进入"抖音电商罗盘"平台的"首页"页面，如图 10-8 所示。

图 10-8　"抖音电商罗盘"平台的"首页"页面

步骤 05　运营者只需单击左侧菜单栏中的对应按钮，即可查看相关的信息和数据。例如，依次单击"交易"按钮和"交易构成"按钮，即可查看抖音号的交易构成数据，如图 10-9 所示。

图 10-9　查看抖音号的交易构成数据

10.3　佣金收入的结算和提现

通过添加"精选联盟"进行带货后，平台会根据带货效果对佣金收入进行结算，而运营者在获得佣金后则可以进行提现。本节重点讲解佣金收入结算和提现的相关知识。

10.3.1 佣金收入的结算说明

在查看佣金收入之前，需要先了解佣金收入的结算规则。很多抖音运营新手对佣金收入结算的相关知识可能不是很了解。本节将对佣金收入的结算进行说明，让大家明白佣金收入是如何结算的。

在佣金结算的过程中会涉及一些指标，抖音电商学习中心对这些指标的含义进行了说明，如图 10-10 所示。运营者了解这些指标的含义后，会更容易理解佣金收入的结算规则。

指标名称	含义
付款金额	用户真实支付的货款金额，不包含运费、税费、优惠券（除主播券）
成交金额	按照用户实际的支付数据计算包含运费、退款，不包含优惠券
总佣金	付款金额*佣金率计算所得
预估佣金	根据下单情况的预估参考，该数据仅做参考使用，不作为最终结算金额
结算金额	最终参与结算的用户付款金额，若用户确认收货后未发起退款，则结算金额=付款金额； 若用户发起过退款，则结算金额=付款金额-用户退款金额
结算佣金	商家：结算佣金=结算金额×佣金率，为商家真实佣金支出； 达人/机构：为达人/机构真实可入账的收入，达人结算佣金=结算金额×佣金率×（1-平台服务费率）×达人分成比例；
结算规则	单笔订单在用户或系统确认收货15日后，该笔订单会发起结算； 若15日内商家未完成结算，则等待商家结算完成后，该笔订单会发起达人结算； 即确认收货时间+15日为大部分订单的结算时间，结算完成则订单对应的结算佣金自动进入可提现余额中；

图 10-10　佣金结算的相关指标说明

除了佣金结算的相关指标之外，运营者还需要了解不同平台商品的佣金结算规则。具体来说，"精选联盟"中的商品主要来自抖音小店和第三方平台，平台不同，商品的佣金结算规则也会有所差异。通常来说，抖音小店平台中商品佣金是按日结算，当然平台需要扣除一定的服务费。

第三方平台中商品佣金的结算规则在 10.1.5 节中已经进行了说明，这里不再赘述。具体来说，在计算佣金收入时，运营者按照对应平台的结算规则进行计算即可。

10.3.2 查看入账和提现记录

运营者可以在抖音 App 中查看佣金收入的入账和提现记录，具体操作步骤如下。

步骤 01　进入抖音 App 的"商品橱窗"界面，点击"佣金统计"按钮，如图 10-11 所示。

步骤 02　进入"佣金统计"界面，点击"入账记录"按钮，如图 10-12 所示。

图 10-11　点击"佣金统计"按钮　　　图 10-12　点击"入账记录"按钮

步骤 03　进入"入账记录"界面，查看佣金收入的入账记录信息，如图 10-13 所示。

步骤 04　另外，点击"佣金统计"界面中的"提现记录"按钮，即可进入对应界面，查看提现记录的相关信息，如图 10-14 所示。

图 10-13　"入账记录"界面　　　图 10-14　"提现记录"界面

专家提醒：笔者的账号刚运营不久，还未开始做带货，所以很多佣金收入的数据显示的是暂无数据。如果运营者曾经进行过有效的推广，那么"入账记录"界面中会显示获得的佣金；如果运营者曾经进行过提现，那么"提现记录"界面中会显示所有的提现信息。

10.3.3　查看推广明细与数据

除了佣金收入的入账和提现记录之外，运营者还可以在抖音 App 中查看带货商品的推广明细和数据，具体操作步骤如下。

步骤 01　进入抖音 App 的"佣金统计"界面，点击"推广明细"按钮，如图 10-15 所示。

步骤 02　进入"推广明细"界面，查看带货商品的推广明细，如图 10-16 所示。

图 10-15　点击"推广明细"按钮　　图 10-16　"推广明细"界面

步骤 03　另外，"佣金统计"界面中可以查看部分推广数据，如果运营者要查看更多的数据，可以点击"查看更多"按钮，如图 10-17 所示。

步骤 04　进入"推广数据"界面，查看带货商品的相关推广数据，如图 10-18 所示。

图 10-17　点击"查看更多"按钮

图 10-18　"推广数据"界面

10.3.4　佣金收入的提现操作

通过添加"精选联盟"中的商品进行带货并获得佣金后，运营者可以对佣金收入进行提现。具体操作步骤如下。

步骤 01　进入抖音 App 的"佣金统计"界面，点击"提现"按钮，如图 10-19 所示。

步骤 02　进入"收入提现"界面，选择"正式账户"选项，如图 10-20 所示。

图 10-19　点击"提现"按钮

图 10-20　选择"正式账户"选项

步骤 03　进入"小店资产"界面，如图 10-21 所示。如果运营者有可提现的佣金收入，该界面中会出现提现按钮，运营者只需按提示进行操作即可提现。

步骤 04　另外，运营者可以选择"快速账户"选项，进入"结算管理"界面，如图 10-22 所示。如果运营者的账户中有可提现的佣金，可以点击"提现"按钮，进行提现操作。

图 10-21　"小店资产"界面　　　　图 10-22　"结算管理"界面

团购带货篇

第**11**章

开通计划：
快速打造达人
探店抖音号

运营者可开通团购带货计划，通过快速打造探店
抖音号来获得收益。本章将讲解团购带货的开通技巧、
参与流程和权益，帮助大家快速入门团购带货。

11.1　团购带货的开通技巧

运营者要想借助团购带货获得收益，需要先开通团购带货功能。本节介绍团购带货的开通技巧，让大家快速了解团购带货功能的申请条件和开通方法。

11.1.1　团购带货的申请条件

抖音平台的团购带货功能有一个申请条件，即账号的粉丝量要达到要求。如果运营者的账号粉丝数未达到要求，那么会显示"未达标"。此时，运营者是无法开通团购带货功能的。图 11-1 所示为团购带货功能的申请条件。

图 11-1　团购带货功能的申请条件

需要注意的是，团购带货功能申请条件中所列的是抖音号运营获得的粉丝量，而不是账号显示的总粉丝数。因为如果运营者绑定了今日头条账号，那么抖音号显示的粉丝数将是头条号粉丝和抖音号运营获得的粉丝的总和。

例如，运营者的头条号可能本来就有 1 000 个粉丝，通过抖音号运营后获得了 500 个粉丝，因此他将头条号绑定抖音号之后，抖音号显示的粉丝数为 1 500。因为团购带货申请功能条件中所列的是抖音号运营获得的粉丝数，所以，即使此时抖音号显示的粉丝数超过了 1 000，运营者仍旧无法开通团购带货功能。

11.1.2　开通团购带货功能

如果运营者的抖音号满足团购带货功能的申请条件，那么运营者可通过如下步骤开通团购带货功能。

步骤 01　进入抖音 App 的"我"界面，❶点击界面上方的▇图标，会出现一个面板；❷选择面板中的"创作者服务中心"选项，如图 11-2 所示。

步骤 02　进入创作者服务中心界面，点击"全部分类"按钮，如图 11-3 所示。

步骤 03　进入"功能列表"界面，点击"团购带货"按钮，如图 11-4 所示。

步骤 04 进入"抖音团购带货申请"界面，如图 11-5 所示。当账号达到申请条件之后，点击界面下方的"申请团购带货"按钮。

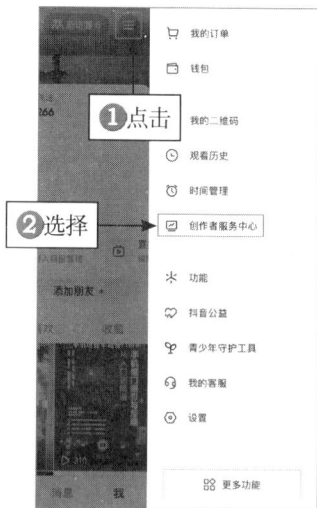

图 11-2 选择"创作者服务中心"选项

图 11-3 点击"全部分类"按钮

图 11-4 点击"团购带货"按钮

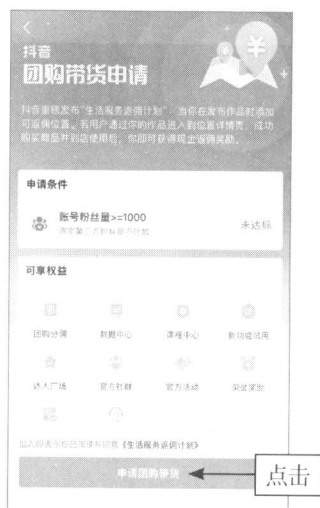

图 11-5 "抖音团购带货申请"界面

步骤 05 即可开通团购带货功能。

11.2 团购带货的参与流程

开通团购带货功能后，运营者可借助该功能进行带货来获得收益。那么，团购带货要如何进行操作呢？本节介绍团购带货的参与流程，让大家明白团购带货的具体操作步骤。

11.2.1　第1步：发带位置或团购的作品

参与团购带货的第1步就是发带位置或团购的作品，对相关的店铺或商品进行宣传推广。那么，运营者具体要如何进行相关操作呢？抖音官方对具体的实施方案进行说明，如图11-6所示。

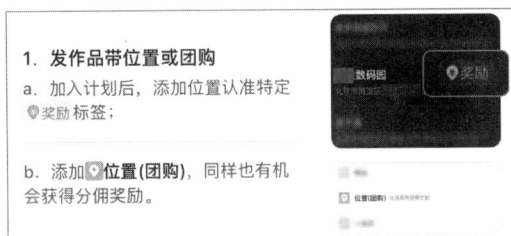

图 11-6　发带位置或团购视频作品的说明

11.2.2　第2步：用户成功购买商品

参与团购带货的第2步是用户成功购买商品。也就是说，只有团购带货宣传的商品必须要销售出去，运营者才能获得佣金收益。图11-7所示为抖音官方对用户成功购买商品的相关说明。

具体来说，运营者发布带有店铺位置的短视频之后，短视频中会出现店铺地址链接。用户如果对团购信息感兴趣，可以点击该地址链接，如图11-8所示。执行操作后，用户可以点击店铺信息中对应商品后面的"马上抢"按钮，如图11-9所示。执行操作后，弹出购买信息面板。如果用户点击该面板中的"立即购买"按钮，如图11-10所示，并支付对应的金额，即可购买对应的商品。用户完成购买后，运营者可获得一定的佣金。

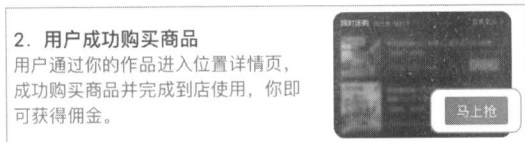

图 11-7　用户成功购买商品的相关说明

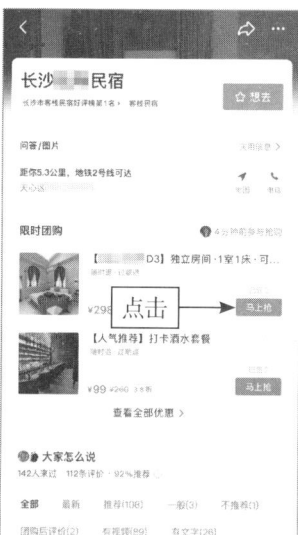

图 11-8 点击店铺地址链接　图 11-9 点击"马上抢"　图 11-10 点击"立即购买"
　　　　　　　　　　　　　　　　　　按钮　　　　　　　　　　　　按钮

11.2.3 第 3 步: 现金返佣轻松提现

参与团购带货的第 3 步是现金返佣轻松提现。也就是说, 完成上面两步之后, 运营者可通过一定的操作将获得的佣金收益提现。那么, 具体要如何将佣金收益提现呢?

图 11-11 所示为抖音官方对现金返佣轻松提现的相关说明, 其中展示了佣金提现的具体方法, 运营者只需跟着操作即可将获得的佣金转到自己的银行账号或支付宝账号中。

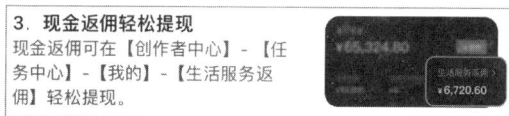

图 11-11 现金返佣轻松提现的相关说明

11.3 团购带货的 10 个权益

开通团购带货功能后, 随着团购带货等级的提升, 运营者也可以享受越来越多的权益。具体来说, 开通团购带货功能后, 运营者可以享受 10 个权益, 如图 11-12 所示。本节具体讲解团购带货的 10 个权益。

开通计划: 快速打造达人探店抖音号

图 11-12　开通团购带货功能可享权益

11.3.1　团购分佣

团购分佣权益是指运营者可以通过团购带货获得佣金的权益。运营者可以通过如下操作，查看店铺团购的相关信息，让自身的带货收益更有保障。

步骤 01　进入抖音 App 的创作者服务中心界面，点击"团购带货"按钮，如图 11-13 所示。

步骤 02　进入"团购带货"界面，点击"探店赚佣金"板块所在的位置，如图 11-14 所示。

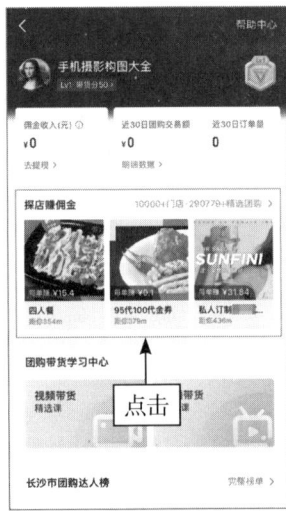

图 11-13　点击"团购带货"按钮　图 11-14　点击"探店赚佣金"板块所在的位置

步骤 03　进入"探店赚佣金·长沙市（这里会显示运营者所在城市的名称）"界面，即可查看店铺团购佣金的相关信息，点击某店铺基础信息所在的位置，如图 11-15 所示。

步骤 04 进入"团购带货"界面，即可查看对应店铺的相关信息，如图 11-16 所示。

图 11-15 点击某店铺基础信息所在的位置　图 11-16 查看对应店铺的相关信息

另外，运营者还可以在"探店赚佣金·长沙市"界面中对团购带货佣金信息进行筛选。例如，运营者点击界面中的"综合排序"按钮，界面中会出现下拉面板，选择下拉面板中的"佣金最高"选项，如图 11-17 所示。执行操作后，"探店赚佣金·长沙市"界面中会根据佣金从高到低的顺序对店铺进行排序，如图 11-18 所示。

图 11-17 选择"佣金最高"选项　图 11-18 根据佣金从高到低的顺序对店铺进行排序

11.3.2 数据中心

数据中心权益是指运营者可以查看团购带货相关数据的权益。运营者可以通过如下步骤查看团购带货的相关数据。

步骤 01 进入抖音 App 的"团购带货"界面,可以查看部分数据,点击"明细数据"按钮,如图 11-19 所示,还可以查看更多数据。

步骤 02 进入"团购带货近 30 日数据看板"界面的"短视频明细"面板,可以查看短视频带货的相关数据,如图 11-20 所示。

步骤 03 点击界面上方的"短视频概览"按钮,还可以在"短视频概览"面板中查看"团购交易额""订单量""商品曝光量"和"涨粉画像"等方面的数据,如图 11-21 所示。

> 专家提醒:"团购带货近 30 日数据看板"界面中的数据是随着运营者近期的带货情况变化的,如果运营者还未参与过团购带货,那么界面中可能不会显示相关数据。

图 11-19 点击"明细数据"按钮　　图 11-20 "短视频明细"面板　　图 11-21 "短视频概览"面板

11.3.3 课程中心

课程中心权益是指运营者可以学习团购带货课程的权益。运营者可以通过如下步骤查看短视带货的转化获利课程。

步骤 01　进入抖音App的"团购带货"界面，点击"视频带货精选课"所在的位置，如图11-22所示。

步骤 02　进入"视频带货学习中心"界面，点击"变现课"按钮，如图11-23所示。

图11-22　点击"视频带货精选课"所在的位置

图11-23　点击"变现课"按钮

步骤 03　进入"变现课"面板，点击面板中某个课程所在的位置，如图11-24所示。

步骤 04　即可进入该课程的播放界面，查看课程的具体内容，如图11-25所示。

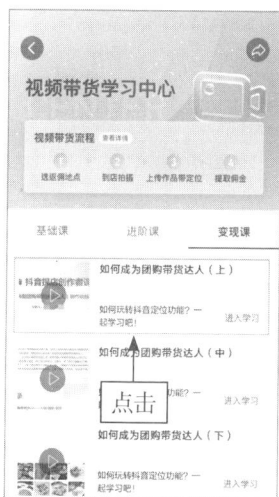

图11-24　点击某个课程所在的位置

图11-25　课程的播放界面

开通计划：快速打造达人探店抖音号

专家提醒：课程中心包含视频带货和直播带货的课程，并且这两类课程中又分别提供了"基础课""进阶课"和"变现课"。运营者可以选择需要的课程进行查看。

11.3.4　新功能试用

新功能试用权益是指运营者可以提前试用抖音平台的新产品的权益。团购分佣、数据中心和课程中心是 Lv1 团购带货达人的权益，也就是说，只要运营者开通了团购带货功能，便可以享受这些权益。而新功能试用权益则是 Lv2 团购带货达人的权益，运营者开通团购带货之后，需要提升等级，才能享受该权益。

在抖音平台中，运营者只有完成规定的任务，才能提升团购带货的达人等级。那么，运营者要如何查看团购达人的升级任务呢？具体操作步骤如下。

步骤 01　进入抖音 App 的"团购带货"界面，点击右上方的◎图标，如图 11-26 所示。

步骤 02　进入"等级详情"界面，即可在"团购升级任务"板块中查看升级团购带货达人等级要完成的任务，如图 11-27 所示。

图 11-26　点击◎图标　　图 11-27　查看升级团购带货达人等级要完成的任务

专家提醒：抖音平台会根据运营者的团购带货达人等级来解锁权益，团购带货达人的等级越高，可以享受的权益越多。因此，运营者要想获得更多团购带货权益，就需要及时完成升级任务。

11.3.5　达人广场

达人广场权益是指运营者可以进入团购带货达人广场，让商家可以看到你的信息。具体来说，运营者的团购带货达人等级达到 Lv3 时，便会自动入驻优质达人广场。因为很多商家会从该广场中寻找合作对象，所以，对于运营者来说，入驻达人广场就相当于可以获得更多合作的机会。

当然，运营者要想获得达人广场权益，还得努力完成升级任务，让自己的团购带货达人等级达到 Lv3。只有如此，运营者才能解锁并享受该项权益。

11.3.6　官方社群

官方社群权益是指运营者可以进入抖音官方社群的权益。具体来说，当运营者的团购带货达人等级达到 Lv4 时，抖音会通过站内信发送入群邀请。进入官方社群之后，运营者可以第一时间获得抖音的各类最新信息，为接下来的团购带货行为做好充分准备。

11.3.7　官方活动

官方活动权益是指运营者可以获得大小型团购活动的参与机会和同步获得流量扶持的权益。获得该项权益后，随着参与团购带货机会和流量扶持的增加，运营者的团购带货收益及账号的曝光量也会有所增加。

另外，官方活动权益和官方社群权益相同，都是 Lv4 团购带货达人的权益。因此，运营者只有将团购带货达人等级提升至 Lv4，才能享受该项权益。

11.3.8　荣誉奖励

荣誉奖励权益是指运营者可以优先获得抖音官方荣誉和奖励的权益。具体来说，优质的运营者可以优先获得抖音官方峰会的参会资格，并且还会增加相关荣誉的提名和颁奖认证机会。

荣誉奖励权益是 Lv5 团购带货达人才能拥有的权益。运营者要从 Lv1 升到 Lv5，可能需要比较长的时间。所以，如果运营者要想尽早享受该项权益，还得按时完成团购带货达人的升级任务。

11.3.9　签约机会

签约机会权益，是指运营者可以获得与抖音官方签约的权益。具体来说，优质的运营者可以获得与抖音官方签约的机会，并且还会获得专属的流量扶持。因此，获得签约机会权益的运营者在进行团购带货时，会比普通运营者更有优势。

需要说明的是，签约机会权益是 Lv6 团购带货达人才能享受到的权限，而 Lv6 又是团购带货达人的最高等级（笔者写稿时 Lv6 是最高等级）。因此，这也是不太容易获得的一项权益。

11.3.10　专属运营

专属运营权益是指运营者可以获得抖音官方的专属服务，类似于运营者成为抖音官方的 VIP。具体来说，专属运营权益又可以细分成四项小的权益，如图 11-28 所示。

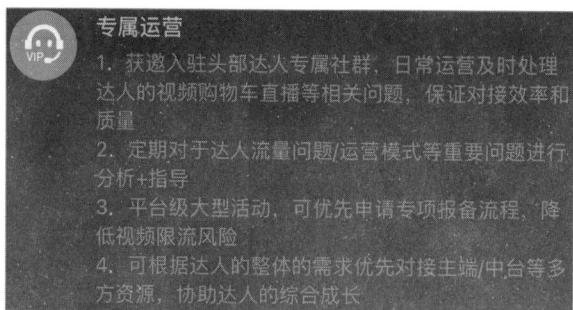

图 11-28　专属运营权益的相关说明

专属运营权益和签约机会权益相同，也是 Lv6 团购带货达人才能享受到的权益。获得该项权益后，运营者可以得到官方的多项支持，这对于运营者提升自身影响力和转化获利能力，无疑是大有裨益的。

第 **12** 章

提升销量：
轻松赚取
"万元零花钱"

很多运营者都想在运营抖音号的同时，通过团购带货来赚取"零花钱"。其实，只要运营者的团购带货销量有保障，那么赚取"万元零花钱"也是一件很轻松的事。本章讲解团购带货的运营方法，帮助运营者提升销量和带货收益。

12.1　团购带货的运营技巧

很多运营者认为，只要开通团购带货功能即可，其他的可以慢慢自己摸索。这个想法有些消极，其实团购带货也是有运营技巧的，如果运营者能够掌握这些技巧，那么团购带货会更加高效，并且获得的收益可能也会更多。

12.1.1　提升团购带货等级

抖音平台会随着团购带货达人的等级来解锁权益，图 12-1 所示为 Lv1 团购带货达人可以享受的权益和全部权益。虽然团购带货达人的权益共有 10 项，但是 Lv1 团购带货达人只能享受 3 项权益。其他的权益需要通过提升团购带货达人的等级来解锁。

图 12-1　Lv1 团购带货达人可以享受的权益和全部权益

所以，对于运营者来说，很有必要完成升级任务，提升团购带货的达人等级。这样，随着获得的团购带货权益越来越多，运营者的曝光量不断增加，影响力不断提升，而获得的佣金收益也会不断增多。

12.1.2　查看已入驻达人

有的运营者刚做团购带货，可能还没有太多经验。这一部分运营者可以查看已入驻的达人，看看他们是怎么做的，学习成功的经验。具体操作步骤如下。

步骤 01　进入抖音 App 的"团购带货"界面，向上滑动界面，点击"长沙市（这里显示的是运营者所在的城市名称）团购达人榜"后方的"完整榜单"按钮，如图 12-2 所示。

步骤 02 进入所在城市"团购达人榜"界面的"达人带货榜"面板，即可查看同城团购达人的排行情况，如图 12-3 所示。

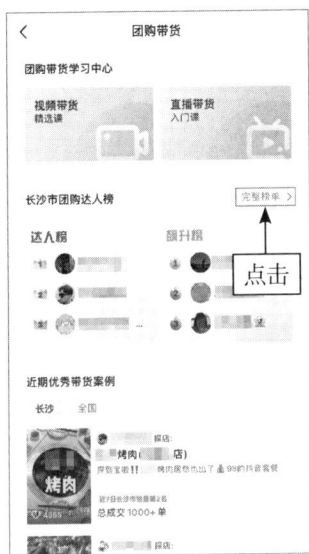

图 12-2 点击"完整榜单"按钮　图 12-3 所在城市的"达人带货榜"面板

步骤 03 点击所在城市"团购达人榜"界面中的"达人飙升榜"按钮，即可进入"达人飙升榜"面板，查看所在城市达人的飙升排行榜。点击该排行榜中某达人账号所在的位置，如图 12-4 所示。

专家提醒："达人带货榜"和"达人飙升榜"都是固定时间更新的。具体来说，每天 12:00 会更新"达人带货榜"；每个月的双周周二会更新"达人飙升榜"。因此，运营者看到的这两个榜单代表近期的历史情况，而不是实时的排行。

步骤 04 进入对应达人的账号主页界面。点击"探店推荐"按钮，如图 12-5 所示，可查看该达人曾经推荐过的店铺。

步骤 05 进入"探店推荐"界面，查看该达人曾经推荐过的店铺。点击某个店铺所在的位置，如图 12-6 所示，可查看该达人为这个店铺发布的团购带货视频。

步骤 06 进入团购带货视频展示界面，查看运营者是如何帮店铺做运营推广的，如图 12-7 所示。

第12章

提升销量：轻松赚取『万元零花钱』

217

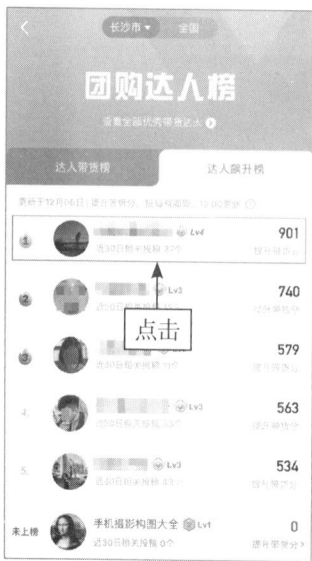

图 12-4　点击某达人账号所在的位置

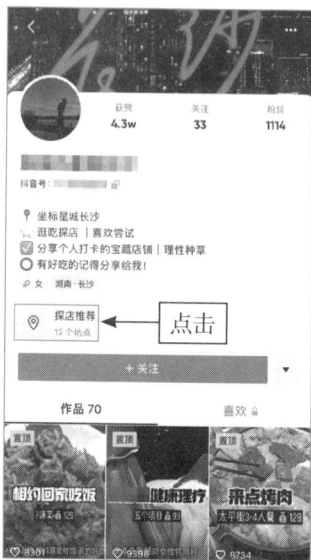

图 12-5　点击"探店推荐"按钮

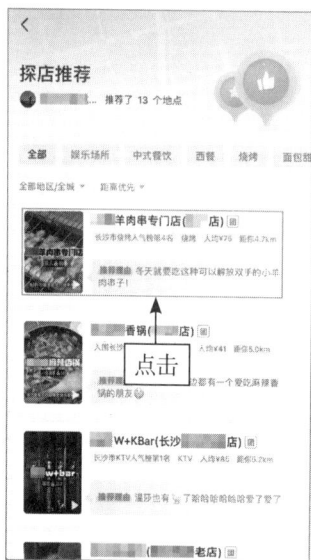

图 12-6　点击某个店铺所在的位置

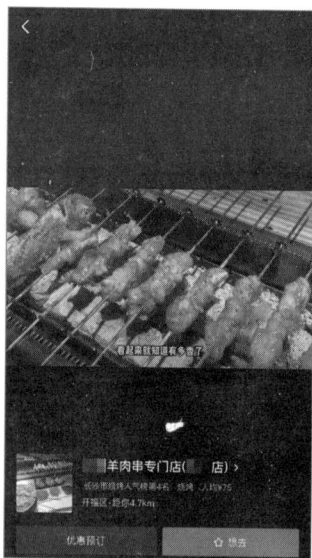

图 12-7　团购带货视频展示界面

　　除了所在城市的"团购达人榜"之外，运营者还可以查看全国的"团购达人榜"排行情况。具体来说，运营者点击"全国"的"团购达人榜"界面，即可进入全国的"团购达人榜"页面的"达人带货榜"板块，查看全国达人带货排行榜，如图 12-8 所示。另外，点击全国"团购达人榜"界面中的"达人飙升榜"按钮，还可以在"达人飙升榜"面板中查看全国达人的飙升排行情况，如图 12-9 所示。

图 12-8　全国的"达人带货榜"　　图 12-9　全国的"达人飙升榜"

当然，如果有需要，运营者也可以点击全国"团购达人榜"界面中对应账号所在的位置，查看达人的主页信息和团购带货视频。

12.1.3　查看优秀带货案例

除了可以查看已入驻达人学习成功经验之外，运营者还可以通过查看优秀的带货案例，总结这些案例受到用户欢迎的原因，并为之后的团购带货视频提供经验。具体操作步骤如下。

步骤 01　进入抖音 App 的"团购带货"界面，向上滑动界面，即可在"近期优秀带货案例"面板中查看所在城市（界面中会显示所在城市名称的面板）的近期优秀团购带货案例，如图 12-10 所示。

步骤 02　点击"近期优秀带货案例"板块中的"全国"按钮，还可以查看全国的优秀带货案例。点击某个带货视频的封面，如图 12-11 所示，看看优质带货视频是怎么做的。

步骤 03　进入团购带货视频播放界面，查看具体的带货内容，如图 12-12 所示。

> 专家提醒："近期优秀带货案例"面板中，会显示被带货店铺近 7 日的销量排名和总成交订单数，运营者可以选择重点查看销量排名靠前或总成交订单数较多的视频。

提升销量：轻松赚取『万元零花钱』

图 12-10　所在城市的近期优秀团购带货案例　　图 12-11　全国的近期优秀团购带货案例

图 12-12　团购带货视频播放界面

12.2　团购带货视频的拍摄技巧

在进行团购带货的过程中，带货视频的拍摄非常关键。如果运营者拍摄的带货视频对用户有吸引力，那么愿意去对应店铺中下单的用户会比较多，而运营者通过团购带货获得的收益自然就会比较有保障。

那么，运营者要如何拍摄出对用户有吸引力的带货视频呢？本节介绍团购带货视频的拍摄技巧，帮助大家拍摄出对用户更有吸引力的带货视频。

12.2.1　拍摄店铺的外景

有的用户去线下实体店中购物时，会比较注重店铺的外景。如果店铺的外景足够好看，那么用户会更愿意进去购物。很多商家也明白这一点，所以，这些商家的店铺外景会打造出自己的特色。

对此，运营者在拍摄带货视频时，可以将店铺的外景展示出来，用美观、独特的外景来吸引用户进店购物。当然，如果运营者是帮旅游景点做团购带货，也可以在视频中重点展示旅游景点里面的特色建筑，通过这些别具一格的建筑来吸引用户前往景点。

图 12-13 所示为某运营者发布的团购带货视频，因为该运营者是为某个旅游景点带货，而该景点中又有许多欧式的建筑，所以该运营者便通过展示这些特色建筑来吸引用户。

图 12-13　通过展示特色建筑吸引用户

12.2.2　拍摄店内的环境

相比于店铺的外景，很多用户可能更在意店内的环境。毕竟购买商品之后，用户需要在店内体验商品或享受相关的服务，如果店内的环境太差，用户会觉得自己很难获得良好的体验。当然，大多数商家也比较注重店内环境的营造，很多商家都花费大量资金和心力来进行店内设计。

对此，运营者在拍摄团购带货视频时，可以将店内的整体环境展示出来，展现出店内整洁、美观的一面。除此之外，还可以展示店内比较具有特色的设计，呈现店内环境的独特性。

例如，某运营者在给酒店做团购带货时拍摄了一条视频，这条视频中便是通过展示酒店内的环境来吸引用户，如图12-14所示。从视频来看，该酒店的店内环境看起来比较整洁美观，而许多用户选择酒店时就喜欢这样的环境。所以，有的用户看到这条视频之后，便会选择前往对应的酒店。

图 12-14　通过展示店内环境吸引用户

12.2.3　拍摄食物制作过程

近年来，人们对食品安全的问题越来越重视，所以，在购买食物类商品时，很多人都会慎之又慎。

对此，运营者可通过一条团购带货短视频将食物的制作过程展示出来，让用户明白店铺中食物的制作是符合规范的，制作出来的食物不会存在安全问题。这样用户看到视频内容后，自然会更愿意购买店铺中的食物。

例如，某运营者在给饮品店做团购带货时，发布了一条短视频。这条短视频中将某款饮品的制作过程都呈现出来，用户只要一看视频就能清楚该饮品是如何一步步完成制作的，如图 12-15 所示。

图 12-15　通过展示饮品制作过程吸引用户

12.2.4　拍摄套餐或多个菜品

有的店铺中销售的是套餐，有的店铺主要是做自助餐。在给这类店铺做团购带货时，运营者可以重点拍摄店铺中的套餐或多个菜品，通过同时展示多种商品让用户觉得店铺中的商品物超所值。

当运营者为店铺中的套餐带货时，拍摄套餐中包含的商品可以使用户更好地了解套餐的内容。而且如果套餐中包含的商品比较多，用户也会觉得该套餐更值得购买；当运营者为某个做自助餐的店铺做团购带货时，将该店铺中的多个菜品展示出来，则可以显示自助餐菜品的丰富性，让用户觉得该自助餐可以吃的东西有很多。

图 12-16 所示为部分运营者发布的团购带货视频，可以看到这些视频中便是通过同时展示套餐中的商品和多个菜品来吸引用户的。因为视频画面中的商品和菜品都是用户可以花费固定金额食用的，所以，当展示的商品和菜品比较多时，运营者推荐的店铺对用户会更有吸引力。

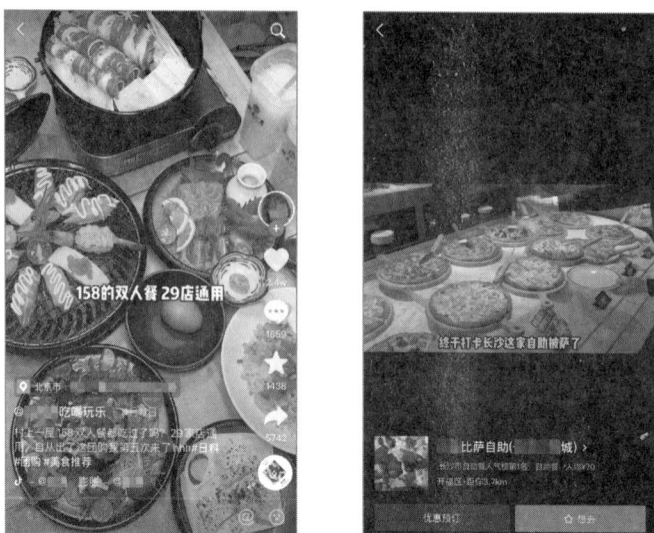

图 12-16 通过展示套餐中的商品和多个菜品来吸引用户

12.2.5 拍摄单独的食物细节

如果运营者团购带货的食物很好看，而且细节也做得很好，那么在拍摄视频时可以在画面中单独展示食物的细节，通过类似于特写的镜头来近距离地展示食物，如图 12-17 所示。

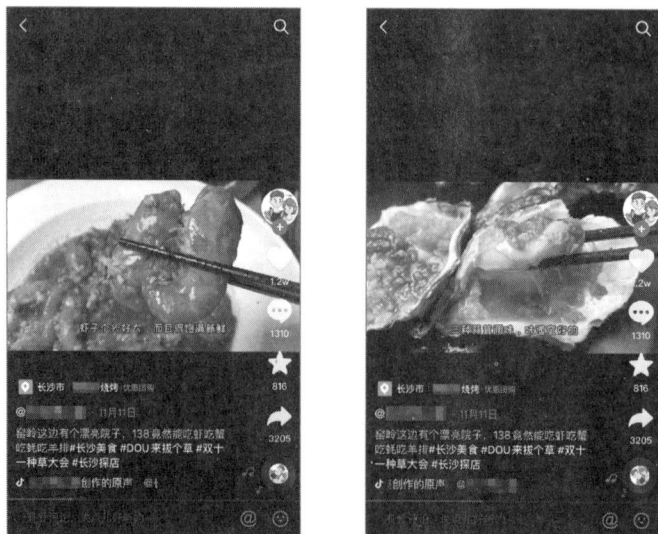

图 12-17 拍摄单独的食物细节

这种近距离展示食物的视频，不仅可以展示出食物在细节方面的用心，还可以让食物看起来更加有食欲。尤其是那些色彩比较鲜艳和配料丰富的食物，近距离展示出来会非常好看。如果拍摄时灯光营造得好，整个视频画面也会比较有质感，视频画面对用户的冲击力也会比较强。

运营者需要明白人是视觉动物，具有视觉冲击力的事物会更吸引人。做团购带货视频也是如此，当运营者拍摄单独的食物细节时，如果能够拍出食物的美感，用户看到视频时也会更愿意停留。

12.2.6　拍摄美食品尝体验

以前很多明星在做产品代言时，只要明星自己有名气就可以了，至于明星本人有没有用过该产品，就不重要了。现在《中华人民共和国广告法》有所变化，明星自己没有用过的产品不能做代言了。

明星广告代言的这种变化，也从一定程度上反映了用户消费观的变化。以前只要是明星代言的，人们就会觉得值得信赖。现在很多人都会觉得明星自己也在用的东西，才是真正值得信赖的。

其实，不只是明星代言的商品，抖音达人推荐的商品也是如此。只有抖音达人亲自尝过，并且说好吃的美食，用户才会觉得该美食是真的好吃。对此，运营者在为美食类商品做团购带货时，可以通过视频将美食的品尝画面展示出来，让用户明白自己是亲身体验过该商品的，如图 12-18 所示。

图 12-18　拍摄美食品尝体验

专家提醒：用户之所以更愿意信赖运营者品尝和体验过的美食，主要是因为在他们看来，只有亲自体验过才有话语权。如果运营者只是对着美食一顿夸，但是始终不肯吃一口，那么用户就会认为该美食的味道可能不太好，毕竟运营者自己都不会吃一口。在这种情况下，运营者团购带货就很难获得预期的效果。

12.2.7　拍摄服务过程体验

在给美食类（即食品类）商品做团购带货时，最好通过视频将自身体验展示出来，这样运营者的视频才会更有说服力。其实，食品类商品如此，服务类商品也是如此。如果运营者自己都没有体验过商品就一味地说服务好，那么说的都只是自己想象出来的，根本没有说服力。

对此，运营者在给服务类商品做团购带货的过程中，可以亲自体验（至少让团队中的人员体验一下）服务，并总结体验过程中的感受。这样，运营者便可以结合切身体验总结出该服务的优势，从而通过真情流露吸引更多用户购买服务。

图 12-19 所示为某运营者发布的一条团购带货短视频，可以看到该短视频中展示的是运营者所在团队的人员亲身体验服务的过程。因为视频中展示了店铺人员专业的服务，而且该服务的性价比也比较高，所以，该店铺成为很多用户的选择。

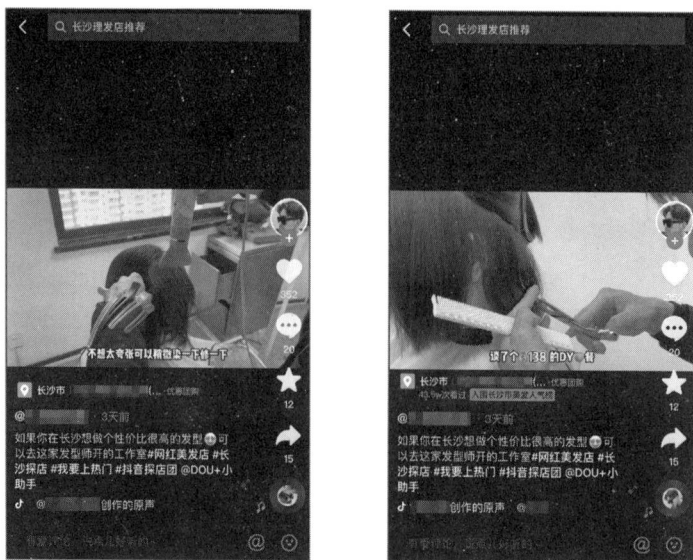

图 12-19　通过展示体验服务的过程吸引用户

12.2.8　剪辑精彩片段作为片头

　　有的用户会根据视频前几秒的内容决定是否要继续看，如果视频前几秒的内容没有吸引力，用户可能就会选择划走。这样一来，很多用户可能连视频都没看完，运营者的带货效果就很难得到保障。对此，运营者可以对拍摄的视频内容进行剪辑，将比较有吸引力的内容作为片头。这样，用户看到片头之后，会更愿意看下去。

　　图 12-20 所示为某运营者发布的一条视频，该视频的开头就是"说出来你可能不信，花 238（元）就能吃到一只烤全羊和这么多菜"。本来 238 元吃一只烤全羊对用户就已经很有吸引力了，再加上还有"这么多菜"。所以，很多用户看到这个片头后会愿意继续看接下来的视频内容。

图 12-20　通过将精彩片段作为片头吸引用户

12.3　团购带货达人的收益类型

　　团购带货达人的收益主要分为两类，即现金返佣奖励和官方流量扶持。本节讲解这两类收益的相关知识。

12.3.1　现金返佣奖励

如果运营者为店铺做团购带货，并且有用户通过运营者提供的链接购买了商品，那么运营者便可以获得现金返佣奖励，而且运营者还可以查看佣金收益，并将佣金收益提现。

具体来说，运营者可以点击"团购带货"中的"去提现"按钮，如图 12-21 所示。执行操作之后，即可进入"返佣奖励"界面，查看佣金收益的相关数据，如图 12-22 所示。有需要的运营者还可以通过点击"结算"按钮，根据系统提示将佣金收益提现。

图 12-21　点击"去提现"按钮　　　图 12-22　"返佣奖励"界面

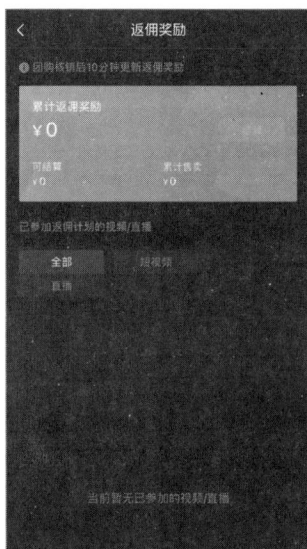

12.3.2　官方流量扶持

除了现金返佣奖励之外，运营者还可以获得官方流量扶持，增加账号和内容的曝光量。具体来说，运营者开通团购带货的部分权益之后，即可获得官方的流量扶持。而且如果运营者的团购带货视频做得比较好，运营者的账号还会出现在"团购带货达人榜"和"近期优秀带货案例"中，这无疑也可以增加运营者的账号曝光量。